领导力实践

张东熹 著

Leadership Practice

领导力并非一种『处世术』它不是从嘴里说出来的

没有行动的领导力仅是空中楼阁
领导者应通过实际行动发挥其力量

金盾出版社
JINDUN PUBLISHING HOUSE

图书在版编目（CIP）数据

领导力实践 / 张东熹著 .—北京：金盾出版社，2024.11
ISBN 978-7-5186-1720-3

Ⅰ.①领… Ⅱ.①张… Ⅲ.① ①领导学 Ⅳ.① C933

中国国家版本馆 CIP 数据核字（2024）第 030782 号

领导力实践
LINGDAOLI SHIJIAN

张东熹 著

出版发行：金盾出版社	开 本：880mm×1230mm 1/32
地　　址：北京市丰台区晓月中路 29 号	印 张：6.625
邮政编码：100165	字 数：166 千字
电　　话：（010）68276683	版 次：2024 年 11 月第 1 版
（010）68214039	印 次：2024 年 11 月第 1 次印刷
印刷装订：廊坊一二〇六印刷厂	印 数：1 ～ 6000 册
经　　销：新华书店	定 价：48.00 元

（凡购买金盾出版社的图书，如有缺页、倒页、脱页者，本社发行部负责调换）
版权所有　侵权必究

序一

关于领导力的定义有很多！可以说，不同的人对领导力的定义也是有所不同的！然而领导力的本质却是一样的，那就是：基于个人价值观的思考、定位与选择，然后不断地强化自信、建立他信，维持并巩固人与人之间信任关系的过程。领导力关乎人生修炼，永无止境，只能止于至善！

我非常荣幸有机会参与张先生这本《领导力实践》一书的校稿工作，这不是一本关于领导力理论方面的书籍，而是一本关于如何实践并不断强化领导力的系统工具书，它更是张东熹先生关于自身领导力实践和培养他人领导力的经验总结和回忆录！与其说是我参与了该书的校稿工作，倒不如说是张东熹先生再一次给我提供了发展领导力的机会——让我有机会自始至终、认认真真通读此书，这个过程也是一种场景再现，让我有机会重温了自己在嘉吉早期领导力成长的职业经历，这种感觉真是妙不可言！

在嘉吉数十年的工作生涯过程中，张东熹先生始终致力于建立并强化领导力文化，并通过"发展和帮助他人成功"来延续领导力文化。正是因为如此，他促进过很多人职业生涯的发展，特别是在个人领导力的培养与成长方面，我也特别幸运地成为众多受益人当中的一员。张东熹先生是我职场生涯中遇到的第一位外籍经理，可以这么说，他是培养并发展我的领导力的人生导师（Mentor）和引路人（Sponsor）。

最后我想说的是，不管您的职位如何，无论您是一名职员，还是一名刚刚走上管理岗位的年轻主管，或是一名经验丰富的团队领导，抑或是企业高级管理人员……如果您立志于不断提升自身领导力，或是希望在团队或组织中引入领导力文化，那么张东熹先生的这部《领导力实践》，肯定会为您带来帮助并提供很多实用的方法！

唐建国

原嘉吉水产北亚区董事总经理

原唐人神水产事业部总裁

汇通生物科技 & 麦克思董事长

2024 年 2 月

序二

张东熹先生是引领我进入职场的导师，记得十五年前，尚未走出大学校园的我，来到张东熹先生担任总经理的公司，应聘一个实习生的岗位。当听到人力资源部部长要安排张先生对我进行最终面试的时候，我心里有很多的问号，当时我不理解为什么仅仅是一个实习生的岗位，公司的总经理还要花时间面试？当然，不解的同时心里还有一些满足感，瞬间觉得自己应聘的岗位变得更加重要了……直到加入公司多年后，有机会亲身经历张先生在书中写到的这些领导力策略——他已经将他个人的领导力风格和这些策略融入公司的管理日常——我才慢慢地理解了张先生面试实习生岗位的原因。在张先生的眼里，无论你是来应聘实习生还是销售部经理岗位，他的眼中更关注的不是"事"而是"人"，他相信"人"的潜能，愿意花时间去了解人才，培养人才。这就是张先生一直在践行的领导力。

张先生在本书中谈到的一些场景，以及在实际工作中应用的领导力策略，对于一个初入职场并开始探索和形成自己对责任、价值观和领导力的理解的新人，有着莫大的影响和帮助。回首我自己的职业发展和成长过程，我认为在毕业不久就有机会探寻自己工作和生活的意义，这帮助我重新确定了自己的职业兴趣和发展方向，帮助我每天对所做的事情充满激情，拥有不竭的能量，并且时常在工作中体会到成就感。所以我在后续的工作过程中，也努力尝试帮助所有曾经共事的领导者们在他们的工作中应用这些策略并对组织成员发挥影响力。很开心看到他们在应用这些策略后不仅很好地开发了属于他们的领导力品牌，同时也帮助组织不断地成长和发展。

  幸运的是，我在刚毕业就有幸加入成就辉煌的公司，对于书中谈到的领导力策略有着亲身的体验和经历，所以当我听到张先生想要将多年来的学习、感悟、理解、实践和反思写成一本书，分享给更多的人时，我抑制不住内心的激动，想要让更多即使没有和张先生共事过的人，也可以像我一样有一个渠道，来体验和学习这样的领导力。它贵在真实，全部来自真实的工作场景和应用；它贵在深度，书中对于领导力真谛的探讨，可以帮助读者真正理解领导力的本质；它贵在实用，探讨并不是停留在意识的层面，而是有很多实战策略和方法，帮助读者应用和实践。最为难能可贵的，这里并不是夸夸其谈成功学或者成功经验，而是有很多真实的应用后的经验和反思，这样的分享可以给读者很好的借鉴和启发。

孙营营

某大型跨国集团公司工厂人力资源合作伙伴经理

2024 年 2 月

自序

梦想成为领导者
为未来做准备的人才

我自从步入职场，就一直有个梦想，希望能成为一个成功的企业家。2001年，嘉吉收购了农标普瑞纳国际公司，公司的变革给了我机会，我实现了梦寐已久的目标——就任南京农标普瑞纳饲料有限公司的总经理。虽然不是在韩国而是在中国实现的梦想，但我还是感受到了巨大的成就感。然而开心的时间没有持续多久，强烈的责任感和巨大的心理压力让我认识到，以总经理的身份来负责公司的运营和以前负责一个部门或者某个单项业务完全不同——领导必须全面担负起公司发展的责任。

不仅如此，我也很快意识到，作为总经理若想成功，就必须兼备处理业务的能力和高效的领导力。我切身体会到在中国领导一个外资公司想要取得成功并不是一件简单的事情。

虽然我已经是经验丰富的采购专家，但在员工们的眼中，能否胜任成为引领他们未来的公司负责人，则是另外一回事了。特别是销售人员用怀疑的眼神看着毫无销售经验的我时，我耳边仿佛听到他们的声音和疑虑：他能成功吗？我们可以相信他吗？

当时的中国尚处在改革开放并快速发展的初期，饲料产业还不像现在这样发达，外资集团公司一般采用委派业务专家来中国负责公司运营的方式。而且我的前任是一名经验丰富的资深销售专家，并且魄力非凡。前后对比,所以我能够理解员工们对我有更多的担心。更有甚者觉得我不是销售专家,这样的领导管理公司是没有未来的,于是就选择了跳槽。

不仅仅是销售人员,内部员工也对公司的未来感到一丝担心。一位员工在和我交流过程中直言:想要在中国成为成功的总经理,需要更加灵活和懂得变通,甚至需要"狡猾"一些。我不知道是指我在中国很难以总经理的身份获得成功,还是意指我过于遵守规则,过于死板。这些让我深深体会到,虽然有了总经理的职位,但领导力不是随着职位而来的。

我对于领导力的思考就是从此开始的。什么是领导力?要成为一名成功的领导应该关注什么?怎么做才行?怎样才能使那些感到担心的员工稳定?怎样才能让我们的业务持续增长?疑问接二连三地出现在我的脑海里。为了获得这些疑问的答案,我阅读了很多相关书籍,也积极参与公司内外的领导力培训,我把从书本或课堂上学到的知识应用于公司管理实践来不断研究和改善自己的领导力。当然在这些过程中我也失败过,绝望过,有时候甚至还怀疑自己到底能不能成为一名成功的总经理。我现在觉得,如果在登上领导人职位之前就准备得更周到该有多好!如果事先能够对领导力有深入的了解,我应该就能有更强的自信并能更有效地发挥领导力。

《领导力实践》一书的创作就是从上述遗憾开始的。撰写本书的目的,在于我希望能给梦想成为领导或即将成为领导的人提供一些借鉴,以避免遭遇我所经历的挫折。同时也是为了分享我将各种领导力理论应用于公司管理获得成功的经验。本书描述的领导力理论是我学习和管理应用后的切身感受。

《领导力实践》的主要内容如下:

第一章,通过剖析那些走上领导职位但失败的人,加深对领导力这一主题的思考,并探究什么是真正的领导力。

第二章，深入阐述领导力和经营的不同，区分经营和领导力以及管理的概念，思考成功经营者需要的领导力和管理能力。另外，还将具体阐述经营者在领导力领域应该做什么事情。

第三章到第九章介绍了发展领导力的策略和方法，包括理解领导力、认知自我、定义自我领导力、建立信任、树立共同的愿景、强化执行力和强化领导力。

第十章以超越个体和组织的视角，结合新时代的特点和发展要求，总结领导力开发在新时代的应用和社会意义。领导力实践即"从实践中来"，并不断"回到实践中"去，也就是立即迈开第一步并付诸实践。

关于领导力的理论和定义多种多样，每年都会有很多有关领导力的书籍和论文；不仅如此，国内外非常多的教育机构提供着多种形式的领导力教育活动。拥有一定规模的公司还会组织公司内的领导力活动来培训未来的领导人才。我所在的公司作为一家国际公司，每年都会通过由专家研发的 HPLA（高绩效领导力学院 High Performance Leadership Academy）的优秀领导力教育活动，为员工们提供系统化、多样化的培训。然而，检查培训效果时会发现即便这样也不一定能够得到令人满意的结果。

这是为什么呢？我认为，原因在于没有对领导力进行深刻的理解，只把领导力当成一种处世术。如果把领导力当成一种技能，就会忽视其真诚性。为了发展真正的领导力，需要以"人"为中心，将发展领导力视为引领组织发展的重要任务。

没有实践的学习会限制培训效果。领导力并不是理论，而是实践。领导力不是从嘴里说出来的，而是通过实际行动发挥其力量的！没有行动的领导力不过是空中楼阁，将理论知识应用于管理实践才会产生结果，只有通过行动和实践才能实现领导力带来的巨大成效。

现在有很多人梦想着成为领导者。为了那些希望成为未来领导者的年轻人以及那些为了成为优秀领导者而努力的许许多多的组织领导者，我创作了《领导力实践》，分享我学到的知识及实践经历，期待他们能避免经受我曾受过的挫折。我也期待读者们能理解领导力的真正含义和领导力实践所带来的意义，从而发挥更有效的领导能力。希望本书能对他们有所帮助。

在这本书中描述的任何想法和策略都不能说是最新的或独创的。所有内容都是我在过去 30 年就职于具有优秀企业文化的两个公司（嘉吉和农标国际公司）的工作学习中得来的。借此机会，我对给予我机会的两家公司，对给予我帮助的公司前辈和同伴表示真诚的感谢，特别对无限信赖我并建立深厚友谊的中国朋友表示真诚的感谢。我也向我非常敬佩的母亲，一直深爱着我的妻子，还有两个支持我的儿子表示深深的感谢。

张东熹

2024 年 2 月

目 录
Table of Contents

第一章　什么是领导力
忽视人的需求的领导必定会失败　/ 003

不信任他人的领导必定会失败　/ 007

什么叫真正的领导力　/ 010

领导力不是位置而是选择　/ 013

领导力也有等级　/ 016

第二章　领导人到底做什么工作
领导力和管理的不同之处　/ 021

领导到底做什么工作　/ 027

领导人培养人才　/ 028

领导人呈现愿景　/ 031

领导人创造文化　/ 033

领导人唤醒工作的意义　/ 037

领导人加强组织的能力　/ 044

第三章 领导力要如何发展

大众期待什么样的领导？ /055

不同的领导力风格 /062

为什么要发展领导力 /069

如何发展领导力 /071

第四章 认知自我

愿景 /080

价值观 /084

性格 /088

优势 /093

自我认知 /096

第五章 定义自己的领导力

定义自己的领导力 /104

以真诚领导 /108

第六章 建立信任

建立信任始于理解对方 /117

建立信任也要读懂组织的氛围 /119

建立信任的技巧和工具 /122

信任创造价值 /130

信任不是永恒的 /135

第七章 树立共同的愿景

愿景领导力 /141

为什么需要愿景 /144

如何制定愿景 /146

谁负责制定愿景 /153

第八章 加强执行能力

决定执行能力的要素 /161

执行能力强的领导行为 /165

让执行成为组织的文化 /167

第九章 强化领导力并构建领导力品牌

接受反馈 /174

构建自己独有的领导力品牌 /179

有均衡性的领导力 /182

第十章 成为能够引领时代的领袖

人工智能新浪潮变化的波及影响 /189

人工智能时代的领导力 /191

与时俱进的领导力开发 /194

后记 /196

第一章

什么是领导力

忽视人的需求的领导必定会失败

不信任他人的领导必定会失败

什么叫真正的领导力

领导力不是位置而是选择

领导力也有等级

A是一个我比较喜欢的营销天才。无论多难发展的目标客户，只要被他锁定，就肯定会成为我们的客户，就这样他为公司贡献了很多。他确实有点儿一根筋，但坚持不懈的精神是他的闪光点。为了客户的利益，他每次都竭尽全力地做到最好。因此与客户建立了牢固的信赖关系，同时在公司内部也享有真诚销售员的美称。在仔细观察了一段时间后，我产生了将他提拔为经理并把他培养成未来领导的想法。我向他提议，让他成为该区域的领导，负责整个区域的销售管理工作。他也高兴地接受了这个机会。但是他升职为经理后的表现却不尽如人意。我们发现他负责的团队的销售量以及负责区域的总销售量都降低了。最后他来找我说要辞去经理一职并离开公司。到底是哪里出了问题呢？我应该如何帮他呢？

忽视人的需求的领导必定会失败

独自一人工作时是非常有能力的人才，成为领导后为什么有人会成功，有人却会失败呢？这难道是因为一人工作和领导他人工作之间存在着某种区别？难道是因为领导力是与生俱来、无法后天培养的吗？我们周围伟大领导者的领导模式为什么是不同的而不是一样的呢？为什么有些领导人强势地引领组织，有些领导却是柔和地引领组织呢？为什么有些领导会在台前进行指挥而有些领导会在幕后默默支持呢？那么能不能在以上不同领导模式的伟大领导人中找到一些共同点呢？

当深入思考到关于领导力的内容时，就会产生无数的疑问。但是，最重要的问题是何为领导力，以及领导力能否学习、发展并提升。如果领导力可以被定义并后天学习，那么它确实值得我们秉着意志和希望投入到培养领导力的实践中。但若领导力是后天学不到的，那我们为何要浪费我们的宝贵时间来试图培养出领导力呢？

幸运的是，根据许多学者和专家的研究可以了解到，领导力确实是可以从不同角度理解和学习的。然而，现实情况却是，许多有能力的人才在担任领导职务后的表现却不尽如人意，由此可见培养领导力的过程并不简单。因此，我们需要在了解人才在培养领导力的过程中失败的原因后，以具体又有实质性的策略培养领导力。

难以培养领导力的根本问题在于其对象是"人"。领导力的培养其实是解答"如何领导人"这个问题的艰难旅程。排除"人"这一重要要素去讨论领导力将是毫无意义的。为了培养领导力，首先需要对人具有较为深入的理解。这并不意味着需要对人进行深入的哲学探讨，而是需要我们对普通人"如何思考"以及"想要什么"等有恰当理解。

据了解，人有着以下几项恐惧以及与之相对应的需求。［参考马库斯·白金汉的《你要知道的一件事》（*The One Thing You Need to Know*）］

　　对死亡的恐惧（Fear of Death）→ 对安全的需求（the Need for Security）

　　对局外人的恐惧（Fear of the Outsider）→ 对共同体的需求（the Need for Community）

　　对未来的恐惧（Fear of Future）→ 对明确性的需求（the Need for Clarity）

　　对混乱的恐惧（Fear of Chaos）→ 对权威的需求（the Need for Authority）

　　对无足轻重的恐惧（Fear of Insignificance）→ 对尊重的需求（the Need for Respect）

我们来仔细研究一下，人类对死亡的恐惧以及对安全的需求是比较好理解的，我们都会担忧自己和家人的死亡。古往今来，人们都恐惧死亡，对于安全的需求来源于人类最基本也是最普遍的对死亡的恐惧。

借用当今年轻人的语言来解释对局外人的恐惧的话，就是害怕成为"局外人"而不是"局内人"，害怕进入一种社会性死亡状态。在任何社会都会区分属于群体的人和不属于群体的人。严重时甚至还会出现歧视现象。所以我们会害怕成为局外人，渴望着属于某一群体并感受心理上的安慰。这就是对共同体的需求。

在任何社会上都会有对未来的概念，人们对未来怀着矛盾的感情。未来有时被认为是充满希望或可能性的，但同时，由于我们无法预测到未来，我们也会对未来感到担忧和害怕。所以我们心里盼望着有人能够准确预测未来会发生的事情。在这个人类发明的探测器可以飞到火星的时代，占卜行业仍然兴盛，正是源于人们对未来的恐惧。

我们可以在神话中找到人类对混乱的恐惧。许多神话说，世界是从混沌、无序、黑暗中创造出来的。对权威的需求来源于对秩序的渴望。人们希望有人能在黑暗混沌的世界里创造秩序。当社会面临混乱时，人们就会期待有人能平息混乱。为了恢复社会秩序，人们宁可服从权威。

最后，对无足轻重的恐惧是一种害怕自己被视为毫无存在意义的心理。人会关心其他人对自己的看法，害怕自己被忽视、轻视，害怕自己被抛弃、放弃。这种恐惧唤醒了对特权或尊重的需求。

作为领导者，需要理解人们普遍的恐惧和心理需求，无视人们内心深处的渴望和基本需求而盲目推动或领导的话，只会与真正的领导力南辕北辙，最终导致失败。

另一个与人类普遍需求相关的见解是马斯洛（Abraham Maslow）的需求层次理论。因为马斯洛的理论已经众所周知，其重要性反而可能会被忽略。但在与领导力相关的领域，这个理论可以为我们带来不少启示。

根据马斯洛的理论，人们的需求被分为"生理需求—安全需求—社交需求—尊重需求—自我实现需求"五个层次。这样层进式地理解人们的需求对培养领导力很有帮助。领导者的作用在于掌握成员所在的需求层次并满足它，领导者应以成员的需求为出发点，检视并改善周围的环境。社会福利、国家制度等诸多因素已基本确保了人们的生理需求能得到满足，领导者对此不必过多费心，但对于其他需求，领导者则需深思熟虑：是否提供了使公司员工都满足的安全工作环境；是否满足员工的社交需求；作为领导是否表现得粗鲁或傲慢不尊重他人等。一个领导就需要从这些不同角度来着重考虑。

在认识到所有人都有自我实现的需求后，领导最重要的责任就是帮助他人实现自我。帮助他人实现自我是一个具有社会价值的事情。有时我们能看到不培养员工的领导，他或许认为"不培养人才，才能永远保住自己的地位"，但这种想法和做法是愚蠢且错误的。一个人的自我实现并不意味着其他人的退步，反而意味着整个组织物质和精神财产的增加，以及人们幸福感的提升。帮助其他人实现自我是一个优秀领导所能做的最有价值的事情。

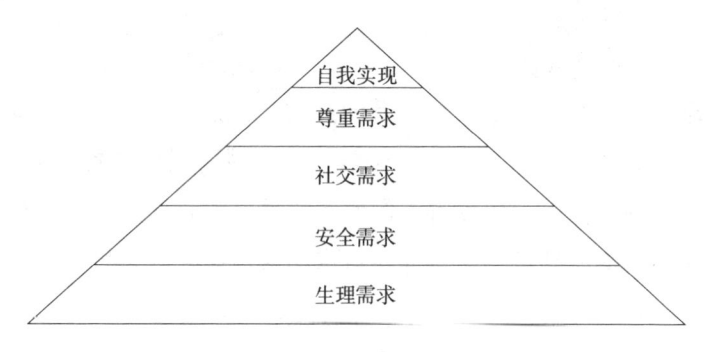

马斯洛需求层次理论

越是深入了解人们普遍具有的恐惧和需求，了解其互动方法及其对他人的影响，就越可能成为能力卓越的领导。无法准确理解人们普遍具有的本质性恐惧与需求的领导会失败。即使理解，也会因为没有将其应用于领导力的实践上而失败。我遇到的许多领导者都没能准确地理解成员的想法或渴望，在以工作业务为中心发挥领导力后惨遭失败。成败皆有因，领导者应时刻警醒自己，切勿忽视失败之因。

不信任他人的领导必定会失败

我直接或间接结识的失败的领导人大多数都是因为没有相信别人而失败的。不相信别人可以从两个方面来理解，一个是不相信人的正直，另一个是不相信别人的能力。

不相信他人正直的领导是最差劲的。这种人成为领导的话，组织内就会产生互相怀疑的文化。也许有人会问，哪有不相信工作伙伴的领导人，但至少在我见过的一些经营较小规模事业的人群中，不相信员工的领导人还是不少的。例如说，有个领导因不相信员工们的正直性，把所有的支出都由自己来管理。当然他们应该也会有不相信别人的理由，但一个领导人不能相信工作伙伴的话，怎么能完成领导的工作呢？怎么能建立信赖关系呢？况且，领导者不相信其员工，那么员工会相信领导者吗？人与人之间的关系是相互的。当我给予别人信赖的话，对方也会给予我信赖。我对对方友好，则对方也会对我友好。在不信任的关系中，领导力是无法有效发挥其作用的。所以说，不相信别人正直性的领导必定会失败。

信任的另一个方面是关于能力。当你有组员或下属后，你最担心的就是他们无法应对工作中的问题，你总想时时刻刻掌握他们工作中的一切动态。就像青蛙记不清自己还是蝌蚪时的样子一样，有些领导也会忘记过去自己是组员的时候。失败的领导总忍不住干涉和打扰。相反，成功的领导就会信任并授权。他们假设他们的工作伙伴们都很有能力，所以不会怀疑组员的能力，而是信任地授权工作。有句俗话说"屁股决定脑袋",其实就是说"位置决定想法"。相信他们,把事情移交过去吧。我们的伙伴肯定会把工作完成得非常漂亮。我来分享一下我的经历吧。

有一天,一位经验丰富的品质管理部部长离开了公司。由于品质管理部部长是负责公司产品质量的非常重要的职位,因此他的离开,足以引起市场销售部和客户对公司产品质量的不信任,他们感到非常担心。况且,公司处于刚完成并购正进行整合的过程中,内部也很混乱,业务也尚未走上正轨,所以这件事对全体员工造成了较大的影响。在这种情况下,作为领导人的我能够采取的措施有限。我思考了好几天后,一个大胆的想法突然冒出来:为何不把这个情况当作培养人才的机会呢?我将之前品质管理部部长负责的业务交给我一直都在关注的新职员会怎么样呢?该职员是大学毕业进入公司刚满一年的新职员。她是一个总是面带微笑,带着乐观又积极的态度和强烈责任感工作的职员。虽然经验不足,但我相信该职员在获得这个机会后一定会全力以赴并漂亮地完成工作。随后,我把我的想法跟公司的管理层沟通。不出意料,他们大多数都表示反对。在东方文化中,大家对于"年轻"仍然抱有很深的偏见,他们认为这名职员缺乏经验且过于年轻。我说服他们说,因为我们的公司是依靠管理系统运行的,只要根据系统的安排认真努力地学习,就可以漂亮地完成工作。还有,评价一个人重要的并不是年龄,而是优秀的能力和认真的态度,"如果不把这个宝贵的机会给年轻人的话,我们怎么能期待他们的发展呢?"最终,这一想法得到了管理层的同意。结果大获成功,该职员不仅顺利完成了品质管理业务，并且之后一步一步踏上正轨，走上了成功道路，最近成长到了负责北亚地区工厂运营的职位。

后来我一直在想，如果以那个职员年轻和缺乏经验为理由，外聘一位经验丰富的人才会有什么样的结果呢？也许那个年轻职员的成长故事就要改写了。所以说，一个优秀领导就该充分信任员工的潜能，创造新的机会并鼓励他们去挑战。优秀的领导创造一个又一个激发成员潜能的机会，不仅能帮助个人实现自我，更能带来整个组织的持续成长与发展。

什么叫真正的领导力

那么现在把视角从领导者的角度转移到跟随者的角度来思考什么叫领导力吧。人们为什么会跟随一些领导,而不去跟随另一些领导呢?人们愿意跟随的领导和不愿意跟随的领导之间有什么区别之处呢?当我们遇到优秀的领导时,我们会主动去选择跟随他。然而遇到一般般的领导人就不会产生这种想法,有的时候还会产生反感。这到底是为什么呢?是什么东西让我们做出如此不同的反应呢?

我们来想象一下,当我们遇到优秀领导人和平庸领导人的时候,我们的心里面是如何反应的,这又对我们的想法和行为产生什么样的影响。

遇到优秀领导人的话,我们的心底就会发生如下反应:

内心产生好感 → 改变想法 → 主动行动

遇到平庸领导人就会发生如下反应:

内心不会发生任何变化 → 固执于自己的想法 → 行为当然也没有变化,像以前一样行动

更有甚者,如遇到依赖权力等强制力的恶劣领导人的话,心里

会有如下反应：

内心产生反感 → 想法不会改变 → 被迫去行动

将其整理，如下表所示。我们能够了解到各不相同的领导力，对人们的内心、想法和行动，甚至对结果也会产生一定影响的原理。

人们根据不同领导人类型做出的反应

	优秀领导人	平庸领导人	恶劣领导人
内心	产生好感	不会发生变化	产生反感
想法/理念	改变想法	坚持己见	不会改变
行动	主动行动	不会发生变化	被迫行动
结果	积极结果	维持现状	消极结果

领导力是什么？"能够积极调动人心来促使改变想法，并使对方主动行动"，这就可以称之为优秀的领导力。但如果没能引起这些变化，这就是较差的领导力。领导力的差异会让大家做出不同反应。那么人们对领导力做出不同反应的基础是什么呢？如上所述，当领导以对人类的普遍理解和对员工们的信任为基础，提出一个比现在更好的未来，那人们的想法就会发生积极变化，并倾向于自主行动。所以说，我们可以将领导力定义为"通过理念和行动的变化，引领组织走向更好未来的能力"。

除此以外，诸多领导人和领导先驱都会定义和解释领导力。为了更好地整理我们的想法，我们可以通过几个例子来参考一下他们是如何理解领导力的。

领导的唯一定义是拥有跟随者的人。

——彼得·德鲁克

领导力是将愿景转化成现实的人。

——沃伦·本尼斯

领导力是影响力。

——约翰·麦克斯维尔

在成为领导人之前的成功仅仅意味着自己的成长,但成为一个领导人之后的成功,是关于如何让他人成长。

——杰克·韦尔奇

领导人是委任权限的人。

——比尔·盖茨

看来,优秀的领导力不仅仅是走向更好的未来,领导人既要提出愿景也要帮助他人成长。从这个意义上讲,就像杰克·韦尔奇所说的一样,在他人的成长中寻找"成功"就是领导力。

领导力不是位置而是选择

许多人从不同角度定义了领导力。但重要一点是，没有人定义领导力是一种权力或权限。从这一点我们能知道，领导力不是从我们坐着的位置而来的。比尔·盖茨反而把领导力定义成是一种委任权限的东西。实际上，领导力就是分享权力，这一想法有些不容易被接受，但如果领导力的最终目标就是帮助他人成长，那么应该没有比分享权力更有效的领导力技巧。

为什么依赖权力不能成为真正的领导力？权力虽然能够引起行动，但不会激发对方的内在动机。依靠权力引领大众的领导人，权力一旦消失，他也会随之消失。权力不是永恒的，花有谢时，筵有散时。所以说领导不能陶醉于权力，陶醉于权力的领导力就是"老头"领导力。"老头"是指使用"就是因为你还小……"或者"过去当年（我当年）的时候啊……"等不必要的劝谏和唠叨话，定义了熟悉于权限文化的一类人的名称。

最近作家林洪泽的《90后来了》一书引起了轰动。作者引用了2017年在就业网站INCRUIT上以750名会员为对象开展的问卷调查，将"老头"的类型分为以下几种。这似乎充分体现了彻底依赖权力的领导人的特性。

"答定你"型："答案早就定好了，你只要回答就行了"（23%）

上命下从型:"让你干什么就干什么"(20%)
全知全能型:"这个我最有发言权"(16%)
无情无理型:"你就委屈一下吧"(13%)
愤怒失调型:"你疯了吗"(10%)
不用敬语型:随时随地来一句"喂!"(9%)

更何况,最近以 MZ 世代(在 1980 年到 1998 年间出生的"千禧一代"和在 1998 年到 2014 年出生的"Z 世代")为中心对"幼头(年幼老头)"的反感也在加深。根据最近一家媒体报道所说,比起 40、50 年代,MZ 世代更难理解和忍受 30、40 年代的老头行为。甚至还有很多因"幼头"而选择辞职的情况。那些被称为"幼头"的人们的问题就在于,他们大部分都很年轻,认知不到自己的行为,即使与后辈的相似经历还没过去多久,就已经美化自己当时的经历,并常常使用"我当年""姐姐当年""哥哥当年"等用语。年幼老头的思考方式——"我说的就是对的,你的行为是错的"还能够理解为,没能获取后辈们的心,单纯依靠权力的一种老头文化的延长线。

打动人心的力量不在于"老头"的权力,而在于领导人的做人行为。只有兼备人品和人格的领导才能真正发挥影响力,打动人心并引导行动。约翰·麦克斯维尔在他的著作《领导力21法则》中明确定义出领导力的尺度并不是权力而是影响力。对于领导力的源泉,他提到了以下7种要素。

性格——真正的领导力往往源自一个人的内在。

关系——要想成为一个领导者,就必须得有人追随你才行,这往往需要你去发展一些人际关系,这种关系越密切,你的领导潜力就越大。

知识——虽说仅仅掌握知识并不能让一个人成为领导

者，但如果你知识匮乏，那铁定成不了领导者。

直觉——领导者不仅要掌握把控数据的能力，还要具备应对众多无形因素的能力。领导者会试图去识别和影响一些无形的因素，比如精力、士气、时机以及动力。

经验——虽然过往的经历不能确保你的可信度，但却能够激励人们给你一个机会去证明自己的能力。

过去的成就——对于追随者来说，没有什么比良好的过往成绩更有说服力。在没有业绩记录时，无法借助过去的成就赢得人们的信任。过去领导岗位上的良好业绩纪录，都会让追随者们更加信任领导者的能力，并因此更愿意听从其指挥。

能力——领导者的能力是追随者的底线，能够带领团队走向成功的彼岸，赢得最后胜利的人才能被认可为领导。

当我第一次成为经营者的时候，公司所有职员都以忧虑的眼神看着我。对他们而言，我是一种难以信任的领导人。他们觉得我作为来自韩国的外国人，在文化和背景方面与中国人差异巨大，肯定很难理解中国社会和中国人。还有人评价说，韩国人虽然很努力地创造出结果，但过于逼迫他人，对中国人也不够尊重。再加上我也没有作为领导经营公司的经验。他们不相信我是理所当然的，我除了职位，没有任何其他可以借助的力量和资源。对我而言，我有两种选择：要么依靠我的总经理职位行使权力，要么展现我的经营能力获得领导力。我选择了后者。关于我如何获取了组员们的信任，我会在讲述领导力发展策略篇章时分享更多实例。

领导力也有等级

领导力不应该依赖权力,这一观点并不新鲜。这个观点早就根深蒂固地扎根于我们的心中。早在两千五百余年前老子就曾经说过:

> 太上,不知有之;
> 其次,亲而誉之;
> 其次,畏之;
> 其次,侮之。
> 信不足焉,有不信焉。
> 悠兮其贵言。
> 功成事遂,
> 百姓皆谓我自然。

——《道德经》(第十七章)

老子把令人畏惧的领导力称为等级较低的领导能力,虽然这种领导力比被人蔑视的领导力高出一个档次,但绝对不是高水平的领导力。令人感到害怕的领导力源于自己的职位和此职位给予的权力,是不尊重他人的领导力。马基雅维利在"君主论"中主张"君主应当在让人民感到爱护的同时让人民感到恐惧。但由于同时得到两者非常困难,所以放弃爱护,让他们感到恐惧更安全"。有不少领导者认同马基雅维利的主张并将其应用在自己的领导力中。但历史证明,以恐惧为统治手段的领导力维持不了多久,最终将会破灭,这被看成是较低等的领导力。

比恐惧更高一级的领导力是人们愿意亲近他且称赞他的领导力。现实中,人们的眼睛是雪亮的,人们之所以称赞和认可他的领导力是因为他为组织提出美好的愿景,制定战略并带动成员一起努力实现目标。

老子倡导的最高境界的领导力,是即使做出卓越成果也不去炫耀的领导力。领导者运筹帷幄,而人们仿佛感觉不到其存在,认为自己本身有能力实现卓越成果。最高境界的领导力并不是虚无缥缈、无法实现的。《从优秀到卓越》的作者吉姆·柯林斯在研究卓越企业的过程中发现了这些类型的领导人。他把领导力分为5个阶段,第5阶段的领导们有着"体现着个人谦让和职业意志的悖论性结合"的共同点。也就是说,他们既谦虚又意志坚定,看似普通,但对做出艰难选择毫不犹豫。第5阶段的领导人有着坚定意志,即使创造出成果也不去炫耀,这一点,与老子所说的最高境界的领导力相通。

领导一个组织的时候,领导者往往会遇到像我举的 A 例子一样的情况——虽然个人工作能力很优秀,但带领一个组织就会遇到困难。当下在很多公司,内部提拔员工的做法司空见惯。百分百根据业务能力决定提拔的话,公司会在某一阶段因领导力的局限而无法继续发展。这就是"彼得的法则"在发挥着作用。彼得的法则是指,一个组织内的成员们不断被提拔,最终必定会到达他不能胜任的职位。这种现象是指,在组织内提拔一个成员时,不应考虑以后要负责的职位要求的能力,而应根据其当前角色的绩效来决定。

我举的 A 例子其实也是我的判断失误。我在评价 A 成员时并没有从该成员能否作为管理者或组长成功地完成工作的观点来看,而是纯粹以营销人员的个人能力来推测其领导能力。这明显就是我的错误。那我应该要怎么做呢?最可惜的一点就是,我在提拔该成员之前没有给予其培养领导力的机会。如果起初在发现他具有成长为领导人可能性的时候,就提供体系化的领导力教育的话,那我和 A 便都能发现自己作为领导人的不足之处。如果那样的话,我应该也会更慎重地决定他的提拔。他也可能会意识到自己不适合担任领导人的职位。

如果你是准备成为领导者的人,请事先理解和学习自己目标的领导岗位要求的能力有哪些。培养领导的人也请不要武断,需要给人才提供充分的教育和指导,给他们准备的机会与时间。

第二章

领导人到底做什么工作

领导人加强组织的能力

领导人唤醒工作的意义

领导人创造文化

领导人呈现愿景

领导人培养人才

领导到底做什么工作

领导力和管理的不同之处

有一天，我在完成以"公司期待的领导力"为主题的讲座后进行了答疑。有位经理问道："领导力（Leadership）和管理（Management）的区别是什么？领导做什么工作，经理又做什么工作呢？"我一时没有回答上来。我停了一小会儿后含糊不清地回答了该问题，但发现那位员工并不满意。这是必然的，因为我也没有深刻探讨过领导力和管理之间有何差别，没思考过领导人和经理做的工作又有什么不同……

领导力和管理的不同之处

有些人说区分领导力和管理并没有什么意义,但无论是成为一家大企业的最高经营人还是成为一个小组成员的领导,只要是处于领导地位,思考这两者的区别就是很有价值的。因为如果你能够对比出领导力和管理之间的区别,就可以判断出自己到底是一位领导人还是单纯的管理者。我自从在讲座上被问到该问题后,有一阵子都在思考领导力和管理的区别,我把我的想法总结如下。

经营是包含领导力和管理的综合概念

当把经营定义为包含领导力和管理的综合概念后,就能够区分施行领导力的领域和施行管理的领域。当然,我的这些概念整理和学术方法,与其他领导力专家的想法可能会有所差异。一般来讲,大部分的学者们和领导力专家们似乎是把领导力理解为比管理更广泛的概念。

此外,在这样整理完企业经营的概念之后,我也能更加简单明了地理解我要做的工作。例如说,为组织的持续发展而提出愿景的工作,发展人才的工作,消除组织内错误习惯并树立正确文化的工作等,都是经营者在领导力的领域内应该要施行的工作。相反,销售量、利润等业绩指标的实现,员工们的绩效管理,业务流程管理等是在管理领域内经营者应该要施行的工作。

另一方面，约翰·科特教授在他的著作《领导变革》详细解释了管理和领导力的区别。根据他的定义，管理是确保人员和技术构成的复杂系统顺利运转的一系列流程。管理包括计划、预算、组织、人事、控制与解决问题。

相反，根据科特教授的定义，领导是指带领组织创造卓越、适应重大环境变化的一系列流程，包括制定未来愿景、以愿景动员人们、激励人们克服困难、实现愿景。

据上所述，我将其整理如下。

管理和领导力的比较

	经营	
	管理	领导力
对象	业务	人员
活动	• 计划和分配预算 • 构建组织 • 内部控制 • 解决问题	• 设定方向和愿景 • 发展战略 • 分配资源 • 赋予动机
目的和结果	• 改善组织效率 • 短期成果	• 强化组织能力 • 实现未来愿景

通过把经营区分成领导力和管理领域而获得的另外一个优点是，可以回顾自己是否在两个领域之内均衡地履行了经营者的职责。当年我在管理领域花了过多的时间，原因在于 2001 年嘉吉完成对农标国际公司收购之后，我作为南京农标普瑞纳公司的总经理不得不通过调整结构来缩减业务。与并购之前相比，它需要显著缩小业务规模，处于必须要以新型商业模式才能生存的境地。为了尽量节省每一分钱的费用，我也只能严格地进行"管理"范畴的工作。

经营者掌握的资源仅有时间、人力、预算等，经营者需要将手中的资源均衡有效分配，以取得最佳的效果。经营者需要检测自己是否偏重将资源投资于管理领域，或疏忽了管理，或是犯下将所有资源都投入到领导力领域的错误，这些都是不合理的。一位优秀的经营者，就应当在领导力和管理上保持平衡，以免过于偏向某一边。

没有管理的领导力就像在沙土上建楼阁一样，会导致业务基础薄弱，容易垮塌。有时候，经营者有一种"就是要发挥领导力"的偏见，而认识不到管理的重要性，这是一件非常错误且危险的事情。我记得一位喜欢高谈阔论的领导人，和他的聊天主题是公司的哲学和愿景、人才发展、企业文化等关于领导力的内容。若问他有关领导力的问题，就会得到一个又深刻又很长的回答。但提及关于公司的财务状况、经营成果等时他就会说，这是负责人的工作，然后就回避回答和讨论这些问题。他是一位理想的经营者吗？当然不是！最终他因为负责的公司一直亏损而被换掉了。

相反，不顾领导力只关注于管理范畴的经营者是目光短浅的。存在着失去梦想并预测不到未来和急于维持组织现状的危险。这种领导有着把一切都用钱来计算，不用说公司的费用管理，就连发展人才的事情也会以费用的角度来对待的倾向。这种领导人引领的组织是不会成长的，这是因为他们不会讲出关于未来和愿景的事情。

如把经营是领导力和管理能力的综合概念来理解的话，可以理解为以下公式：

$$经营能力 = 领导力 \times 管理能力$$

也就是说，经营者的能力相当于领导力和管理能力的乘积，而不是相加的关系，如果一种能力显著下降的话，经营能力也会随之下降。极端去想的话，如果一方面的能力为零，则无论另外的能力有多么卓越，经营能力还是为零。

不关注领导力只重视管理能力的经营者，会把经营变成一种不以人为本、冷酷无情的东西。另一方面，不具备管理能力只关注领导力的经营者，最终有可能会成为一个无法创造任何成果，使整个组织陷入倒闭的危险因素。因此，经营者应当将领导力和管理能力均衡发展，只有平衡协调两种能力才能成为成功的经营者。

彼得·德鲁克在《德鲁克管理思想精要》一书中通过以下原则定义了经营，由此可见，他也把经营理解为一种包括领导力和管理的概念。

1. 经营是关于人的。经营的任务就是让拥有不同技术和知识的人员取得共同的成果。

2. 经营是为了实现共同目标而整合人员。因此经营与文化息息相关。

3. 所有企业都要求组员拥有共同的目标和价值观。

4. 经营要帮助组织和其成员适应新的要求和机会，还要随着变化而发展。

5. 企业是由具备不同技术和知识的人员组成的，因此应该以沟通和个人责任为基础进行经营。

6. 需要衡量企业经营的成果且不断改善。

7. 经营的成果永远都会在企业外部出现。企业的成果意味着客户的满足。

从德鲁克定义的经营的原则也能看到，不能存在"领导力是更高层次的工作，而管理是更低层级工作"这种偏见。在经营一个组织时必须有正确的管理，为了成为成功的经营者，就需要具备领导力和管理能力之间的适当平衡。经营者需要通过组织的现状来判断，要进行以领导力经营为主，还是以管理经营为主。如是一个由优秀人才组成并能够自律执行业务的组织，经营者就实行以领导力为主的经营；但如果组织还处于成长初期且未成熟，则需进行以管理为主的经营来构建基础系统，同时培养未来的人才。我们来看看以下案例：

　　嘉吉在收购农标国际公司的初期，嘉吉动物营养的总裁一年两次将该集团在全世界的管理层召集到美国总公司进行全球经营会议。会议的特别之处在于，他们几乎没有讨论关于业务实绩的内容。即使当时的公司经营目标分为安全、员工敬业度和业务实绩，但业务实绩并不是经营会议的主要话题。总部总裁把一切重点放到安全和员工敬业度上，并不断向各国管理层强调要发挥应有的领导作用。与其说是会议，倒不如说是领导力培训。他致力于传达作为领导应当如何引领组员，如何构造组织文化等自己的想法和哲学。现在回想的话，也能猜测他为什么要那样。在收购初期，为了成功地整合两个巨大企业，比起冷冰冰的业务绩效和经营结果，将两个组织文化顺利整合到一块比任何问题都要重要。因此，各国经营者需要发挥领导力以帮助被收购企业农标国际公司的成员在新的环境中感到舒适并努力工作。

　　但他也并非是疏于管理的领导人。在确定管理层的KRA（关键绩效领域 Key Result Area）之后，他通过电话会议或电子邮件对事业进行了周密的管理，同时还试图革新性地改善业务流程。例如，执行（Work out[①]）消除了不必要的报告和流程，改善了业务处理速度；果断取消了此前在做的月度报告、月度电话会议等工作，使经营者能够在员

---

① Work out 是由美国GE的前总裁杰克·韦尔奇提出的管理流程，不少企业将其应用到管理中。它指移除组织内毫无意义的习俗，或通过员工们的努力消除业务过程中不必要的流程。

工层面和客户层面花费更多的时间和精力。

他坚信明天的经营实绩只不过是今天我们采取的行动的成果。他怀着创建安全环境和提升员工敬业度两大目标，确信公司的员工能够创造出业务实绩这样的信念来领导整个管理层。按照"业务绩效不是追求的目的，而是我们平时如何做的结果"的信念，在他担任全球动物营养业务总裁期间，公司不仅成功实现了历史上最大规模的收购合并，而且业务绩效也实现了持续增长。

领导到底做什么工作

在此之前,我们了解到了经营、领导力和管理之间的差别,并且也认识到了要成为成功的经营者需要同时具备管理能力和领导力的事实。我们来具体探讨一下关于领导力的内容,我想讲的领导力其实与德鲁克提出的经营原则没有多大区别。将我过去二十余年得到的关于领导力的想法,整理为以下内容。

  1. 领导力是关于人的。领导人的眼睛需要朝向组织成员每个人,领导人需要通过各个组织成员的成长和发展持续谋求成长。

  2. 领导力是关于组织愿景的。提出组织能够长期发展的方向,并为了实现此目标而将组织做到上下协同,步调一致。

  3. 领导力是关于组织文化的。领导人为了使组织以正确的价值观为基础能够自律运转而制定健康的组织文化。

  4. 领导力唤醒工作的意义并让人敬业。领导人应该帮助组织成员在自己的工作中感到有意义和有成就感。

  5. 领导力是做强化组织能力的事情。领导人为了确保组织长期的成长,不仅要加强组织成员的能力,也要加强组织的能力。

领导人培养人才

"Leaders lead people, managers manage things." 领导者引领人员，管理者处理事务。在关于领导力的内容中最重要的一点就是，领导力与人相关。领导者关注人，但管理者比起人更关注事务。这一点是领导者和管理者之间的最大区别。

领导者为了培养人才应该要做什么？领导培养人才的意义是，找出个人无法看到的自身潜在的成长可能性，并帮助其发展。领导人需要激励成员并赋予动机，为了成长和发展持续给予帮助。为此，最重要的就是领导者的关心和热情。我见到有很多中小企业经营者，他们对培育人才没有太多热情，或说因公司规模太小而不适于建立发展人才的系统。但我认为只要领导者对人才发展有热情，就不会没有办法。无论是什么样的组织，不去培养人才就意味着放弃组织的未来。领导人需要关心如何培养人才，并将之排在首位进行考虑。

对培养人才拥有热情的领导者需要建立能够支持他们的系统。虽然构建什么样的系统根据各个组织具体的状况有所不同，但我推荐参考的基本原则是"70/20/10 学习模型"。70/20/10 学习模型是由 20 世纪 80 年代美国"创意领导力中心"的摩根·麦考尔（Morgan McCall）、罗伯特·艾金格（Robert Eichinger）和米迦勒·隆巴多（Michael M Lombardo）发明的，并广泛影响到了教育训练等相关领域。70/20/10 学习模型是关于人们如何获取知识的法则，70 指 70% 的知识是通过自己现场工作等直接经验获取的，20 指 20% 的知识是通过向前辈和同伴们的学习获得的，而通过自身的课堂式教育训练获取知识的比率仅有10%。将此原理用于人才发展系统的话，就会感悟到人员的学习成长应该以在现场工作过程中，在领导和同伴们的反馈和合作过程中获得为主，而不是理论性的教育培训。

下表是根据各组织处于的状况和环境，按照"70/20/10学习模型"整理出的有助于建立人才发展活动的工具。我们可以以此为参考，制订适合自己组织的人才发展活动。我确信这能为你取得超乎预期的成果。

学习工具	在岗培训 (OJT) 赋能/授权 新项目 工作轮岗 新责任 领导角色 新绩效指标	辅导 导师 咨询 反馈	组织内外部培训课程
学习途径	直接经验	间接经验	课堂训练
学习方式	经验学习	合作学习	知识结构学习
资源分配	70%	20%	10%

70/20/10 学习模型

最差的情况是，有些人在领导的岗位上，但是他不会关心他人成长，也不去培养人才，这样的人根本不是真正的领导者。不去培养人才的领导者只顾着维持自己的职位，甚至如果组员比自己更有能力的话，他就会做出牵制和嫉妒的行为，这最终会导致有能力的人才离开组织，组织的未来也会更加黯淡。他们表现出这些行为的根本原因在于缺乏自信心。因为他们认为发展人才就会威胁到自己的职位，所以才不会去培养。看到这样的领导者，就会让我思考什么样的人应该成为组织的领导者。

培养人才有着什么样的含义？我们可以从三个方面思考。

第一，给人才本人赋予意义。作为人才发展的直接受益人，他或她在组织内成长并承担更大责任，本身就是让人兴奋的事情。任何有过晋升经验的人应该都会记得在收到晋升通知时的感受。我想那应该是感受到一种超越职位升迁的喜悦，甚至是一种难以言喻的成就感。根据马斯洛的"人类的需求5阶段理论"，人类最高层次的需求是"自我实现"的需求。人才发展能够让人们有机会承担更大责任并做更大事情。从这一点上来讲，人才发展对于人们满足自我实现的需求非常有意义，且能够激励人们更加努力进取并为组织创造更大价值。

第二，对领导者自身发展也是必要的。培养人才不仅意味着你在正确履行领导的基本责任，而且对领导者自身的成长也是必不可少的。如果还没有培育好要接替自己职位的人才的话，怎么能挑战更高层次的工作呢？如果想做更高层次的事情或自身进一步发展，领导者必定需要培育人才。

第三，考虑对组织和社会的意义。没有人才培育就无法取得组织的成长，这一点是任何人都知道的事实。如果组织想要持续成长，那人才是必不可少的要素，并且人才发展对社会也有更大的意义。主张"一个人才可以养育十万名人员"的三星李健熙总裁的想法并非是毫无根据的。我们来想一想那些在公司通过新兴业务创造出新的价值，或本来在公司上班之后出去创业的许许多多人才，如果没有他们创造出的价值的话，我们的社会能这么快地发展吗？这就是人才发展带来的影响和意义。

领导者需要明确意识到培养人才的意义和价值，并带着责任心去培养人才、领导人才和留住人才。

领导人呈现愿景

在 2001 年嘉吉并购农标国际公司的时候我有一个疑问——"为什么嘉吉要买,而农标国际公司要卖呢?"当时并不存在农标国际公司因业务困难而需要卖掉公司的情况。农标国际公司的前身罗尔斯顿·普瑞纳(Ralston Purina)是一个自从 1894 年在圣路易斯创立以后,凭借坚实的品牌和充满活力的营销,并成功进行饲料事业的拥有百年历史和文化传承的企业。虽然其在美国本土的公司出售给了其他公司,但其在国外的公司(农标国际公司)在加拿大、欧洲、拉丁美洲、亚洲的业务还是非常成功的。

我的疑问在有一天拜访中国嘉吉动物营养的一家工厂之后完全消除掉了。那是我在公司并购以后第一次访问嘉吉工厂。我在办公室转悠时发现有位员工的桌上有本名叫《绿皮书》(Green Book)的有趣书籍。打开《绿皮书》后我清晰地看到了在最前面写着的嘉吉动物营养部的愿景。原来嘉吉动物营养是以"要成为世界最大的动物营养公司"的抱负为其组织愿景并向其全世界的员工阐明的。同时,我听到的农标国际公司的工作目标是"为股东创造最大利润……"于是这两者在我的脑海里自然而然地重合起来了。我立刻明白了:"啊——嘉吉要买,而农标国际公司要卖的原因原来是这个啊!"

领导者呈现愿景。他们确立组织的未来愿景，为组织成员展现发展方向和目标。然后制定实现愿景的具体目标和策略，带领组员一步一步向前进。在朝向目标的过程中可能会遇到艰难险阻，但绝不放弃。为了克服困难，激励并鼓励成员并为大家持续注入能量从而能够不断挑战现状，这就是领导者的态度。约翰·科特教授对领导力的定义如下，并明确提出了有关确立愿景领导要做的事情。

领导力是关于设定方向的。制定愿景，将权力授权给希望实现愿景的人们并给他们带来灵感，通过有效的战略使他们能够有力、迅速地实现愿景。在最基本的意义上讲，领导力就是动员人们投身到更美好的未来。

领导者也会引领变革。领导者并不安于现状，他/她会担心组织因为没有做到与时俱进而落后于急剧变化的外部环境而被时代或竞争淘汰，也会担心组织会因为已经达成的成就而变得自满和懈怠。所以领导者会为组织带来危机感和紧迫感，并勇于接受，甚至主动创造新的挑战。嘉吉动物营养的价值观之一是"渴望成功"，将此定义为"对现状的健康的不满意"，要求组织不要满足于现状而停滞不前，要不断追求变化和挑战并以此不断迈向成功。

无论是个人还是组织，有没有目标对结果的影响是显而易见的。在同样的起跑线上，有目标的组织和没有目标的组织看似没有什么区别，但随着时间的推移，其差异会变得越来越显著。有目标的个人和组织会不断积累成果并达成目标，然后会重新进行新的挑战。但没有目标的个人或组织会满足于现状，而不去尝试新的挑战。设定组织的愿景和目标，与组员一起为了达成共同目标而奋斗，就是领导者应该做的事情。

领导人创造文化

所有组织都有其特有的文化。无论组织规模是大还是小，它们都会有自己的独特文化。不仅如此，公司有公司层面的文化，公司内部各部门也有各部门的文化。那么，这些组织文化是如何形成的呢？肯定会有不计其数的因素影响着组织文化，但我认为影响力最大的因素还是领导者的领导风格。据我观察，领导者的性格和行为方式如何，其领导力的风格如何，是决定组织文化最重要的因素，这个观点毫不为过。

我在中国工作时嘉吉动物营养把中国的业务分为几个区域，并且在每个区域均委任了不同的区域总经理进行管理。有趣的是，即使各区域都在相同嘉吉动物营养的愿景和价值观文化指导下开展业务，但在访问各区域的过程中我感受到的企业文化却是截然不同的。在由有推动力和结果导向的领导风格的总经理来领导的区域组织，我可以从人们的眼神中感受到明显紧张的气氛；与此相反，在以人为本、亲民风格的总经理领导的区域组织，我能感受到温和与悠闲的组织文化。领导者确实在影响着组织文化。与此相同，我们需要意识到，领导者是决定自己组织文化的最重要因素，而且，领导者也要为了树立正确的文化而发挥自己的影响力。

我们可以将组织文化定义为组织成员们共同遵守的规范和行为方式。因此，组织文化必然会体现组织共同的价值观和信念体系。是谁要主导组织价值观和信念体系的规范和行为方式呢？领导应该对此负责是毫无疑问的。领导担负着确立组织要遵守的价值观和信念体系，并将此定位于组织文化的责任。

那么领导者应当如何确立自己追求的文化呢？最重要的就是领导的原则，无论在什么情况下领导者都应致力于遵守原则。如根据情况而背弃自己原则的话，该原则就会失去影响力且无法发展成文化。绝对不能犯下为了达成目的而背弃原则的愚蠢错误。只有确信自己拥有的原则会对组织造成积极影响和效果，而绝不为了达成目的去牺牲原则，领导者的原则才能逐步发展成为一种组织文化。

比如说，在领导组织的过程中，我努力以自律和公正为关键词，构建一种既自律又公正的文化。这是一种希望我们的组织不是按照上级命令来运转，而是每个成员都具有自主性，根据自己的判断来行动的文化。自主判断和决定的前提应当是，每个成员都是自己工作领域的专家。在初期形成这种文化是一件耗时且不容易达成的工作，但这种文化一旦形成并成为系统，组织就能实现非常有效的运转。更重要的是，通过这个可以培养未来的人才。

我认为，公正的概念是，组员根据对组织的贡献程度获得相应的奖励。因业务成果优秀，对公司贡献度高的人获得回报更多；相反的话就获得较少的奖励，甚至是没有奖励。我的信念是，为了吸引优秀人才，打造更强壮的组织，就必须对人才进行公平公正的评估和付薪。我的这种想法与公司的人事原则也很相符。但是我不想要因为自律和公正原则而让组织氛围变得有些冷酷且缺乏热情，我希望打造组织成员基于自律和公正原则且互相理解和互相帮助的文化，以此让组员们在组织内部能够感到温暖，并期待创造出团队的协同互助效应。

我在1990年末被派到中国的时候，当时中国的生活水平和条件还不是很好。尤其农村的生活水平不高，农民的生活质量还处于较低水平，而我们的客户就是当时生活在农村的农民们。面对生活在较差环境条件下的客户，我们销售人员的业务环境也是比较差的，他们需要坐公交车长途出行，同时需要在条件不好的宿舍或旅馆睡上几天几夜。然而，在能一个月见一次家人也算是幸运的条件之下，员工们都默默完成了自己的工作。有时候为了拜访一些重要客户，我需要与销售人员一起出差，对于在这种困难的环境之下也不失去笑容的员工，对于这些带着热情工作的年轻职员们，我的敬佩之情油然而生。

当时我们每个月都要召集全体销售人员进行一次销售会议，现场看着辛苦的员工们，我就想"有没有什么能热情款待他们的方法"。我希望让他们感觉到一种就像回到家一样的温暖。对此，我想出来的方案就是，在会议期间把公司内部餐厅的饭菜准备成比平时更好的特餐。对公司内部餐厅的员工们说明该想法后，他们也很高兴。他们用心地准备饭菜并在用餐时热情接待了销售同事们，这让销售部的同事们立刻感受到了公司上下对他们的尊重和认可。

另外，毕竟销售员工们平时大多数时间在市场上工作，与内部的同事们沟通的机会也较少，关系也很疏远，即使在处理客户的抱怨或需要公司内部援助的时候，他们也会因无法进行顺畅的沟通而被耽误，效率低下。所以我想到，可不可以让销售人员和内部职员更亲近一些？我在营业会议期间抽出半天的时间，策划了销售员工与内部职员打篮球等增进友谊的活动。两三个月后，他们就互相认识并记得彼此名字了，于是渐渐熟悉起来，当发生什么问题时也会直接联系处理。这让销售人员对公司有归属感，也能够让内外部同事间有一种相互谦让并互相支持配合协作的团队精神。

如何衡量一个组织的文化呢？嘉吉总部有位领导说："文化是可以闻出来的。"也就是说，踏进一个组织的瞬间，人的五官就能感受到组织文化，组织文化就是如此神奇。组织文化是当外部人员踏进组织的瞬间就能直观感受到的。这个组织是有追求远大梦想的积极文化，还是一种安于现状的无力文化？领导者应当成为一种能够为组织注入活力、创造朝气蓬勃的文化的存在。

领导人唤醒工作的意义

我相信人类应追求有意义的生活。从这个角度进行思考，只要在现实条件允许的情况下，人们就会追求可以为自己人生"赋予意义的事情"。在自己的工作中找到生命意义的人能够在内心找到成就感并投入进去，并且那些投入到自身工作中的人肯定会创造出非凡的工作成果。因此，领导者需要帮助组织成员在自己的工作中找到意义，并投入到自己的工作之中。

那么，为了让组织成员们能够从自己的工作中找到意义，领导应该如何做呢？在 2004 年快要结束的时候，嘉吉动物营养各分公司的管理层从总部收到了题目为"How You Fit, Why You Matter"（你的角色，你的重要性）的邮件。邮件的要旨是为了实现公司的愿景，首先需要接受公司的价值观，其次需要认识到自己应该如何为公司发展作出贡献，最后是各级主管需要了解自己，作为一名领导，对公司业务发展为何重要。为此，嘉吉动物营养的管理层为在各个国家的业务总经理发送了邮件，我将邮件的中文翻译放在下面。

- 你在组织中的角色：
  你是一名嘉吉动物营养事业部的领导。对于事业方向的把握和成功，你意义非凡且功不可没。
- 你在组织中的重要性：
  你的领导力行动帮助组织培养发展了未来的领导者和

经理人，这使得嘉吉动物营养部的成功事业得以代代相传。

从总部收到该消息之后，有一段时间我一直都在思考我作为领导者的职位和意义。之后我终于明确了我需要做的事情是什么，我重新确认了我的工作含义。

与此同时，全球总裁要求所有业务经营者和每一个组织中的主管（带团队的管理者），都应当与其直接下属一起进行诚实开放的对话，进行"How You Fit, Why You Matter"的讨论。这意味着每一位员工都有机会看到他们所承担工作的含义和意义。于是我根据总裁的指示，思考了我的直接下属们所做工作的意义，还有他们对公司业务发展的现状和未来有多么重要，也发现了之前从未理解到的新的工作含义和价值。这不是单纯理解一个人的工作岗位上的详细条款及内容，而是能够意识到每个管理者在其工作岗位上能够实际产生的贡献。认识到这一点之后重新再看到那个人，就会有一种他/她的重要性更为巨大的感觉，自己需要对他/她未来的成长发展更加负有责任。

回忆2004年，我在南京农标普瑞纳公司由上至下推行"How You Fit, Why You Matter"的活动，在提升每位员工和整体组织的敬业度方面，收到了前所未有的成效。对于该活动的效果，我曾经寻求了当年一位部门经理（他后来曾任职嘉吉北亚区水产事业部董事总经理的位置）的亲身体验反馈。他至今还清晰地记得当年的某天下午我在办公室和他交流我亲手撰写的"How You Fit, Why You Matter"的内容和场景，并且至今还保留着我签名的卡片——如下图所示。

How You Fit

你是这个公司的关键领导，
你为客户开发解决方案并传递与众不同的价值；
对于销售同事，你是他们的合作伙伴，
支持每一位销售同事成功。

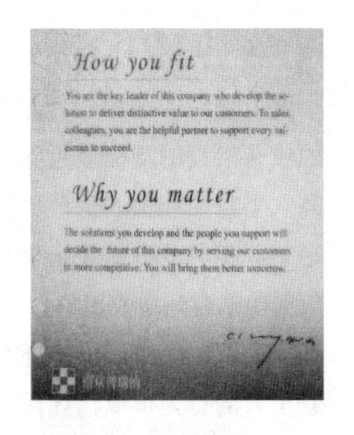

Why You Matter

你开发的方案和支持的人将以更有竞争力的方式服务，
我们的客户决定这个公司的未来。你将为他们带来更好的明天。

他对我说："'How You Fit, Why You Matter'的内容描述是对每位员工工作职责和工作成效的提炼和升华，可以让每位员工瞬间明白其工作的目的意义和对于组织的重要性。不仅如此，主管在与其下属沟通'How You Fit, Why You Matter'的时候还可以极大地创造心理价值，增强彼此的情感联结和信任。当年您在和我沟通的时候，不仅让我更加清楚地理解我的工作职责，同时还让我深切地体会到你的情感传递——真诚地关心我的成长，对我的信任、认可和欣赏，以及对我的未来充满信心和期待！这让我深受感动和鼓舞，至今还记忆犹新！"

由罗宾·瓦莱契和丹尼尔·韦格纳研究的"行为识别理论"以社会心理学理论主张以下原理：第一，行动由优势识别维持，优势识别是执行行动、监控行动及反应行动达成的参照框架。第二，当高低水平的行动识别均可选用时，则趋向使高水平识别成为优势识别。人们总是对行动的意义、更大的效应和内隐的自我评价更为敏感。第三，当一个行动无法根据其优势识别维持时，则趋向于使一个更低水平的识别成为优势识别。在远期未来条件下，表面、偶然的或背景性的特征被剔除，或者被更加核心的特征取代了，使得与高水平特征相关的价值更加重要。这样，随着时间的推移，与低水平解释相关的价值会出现时间折扣现象，而与高水平解释相关的价值会出现时间增大现象。

虽然这个理论有点难以理解，但如果对其进行简单解释的话，就是人的行为可以描述成不同的水平层次。例如说，可以把饮食行为描述成"吃东西"，但也可以描述成"为身体供给营养"。比起单纯地将我们所做的行为进行直接描述，认识到我们的行为带来的效果并在此基础上进行描述则显得效果更佳。也就是说，如果把饮食行为视为一种摄取营养的行为的话就会更加积极地采取行动。我在中国工作时，通过观察大量年轻职员认识到，当人们意识到工作的意义时能够产生更加强烈的动力和更高的投入度。

> 21世纪初，在中国从事饲料领域的人们工作的环境条件是非常艰苦的。我认为在这样艰苦的环境条件下，期待我们的销售人员完全投入到工作中是不可能的。说实话，如果是我的话就没有意愿投入进去。但作为公司的总经理，我不应该对此视而不见，我必须做些什么来改善这种情况，哪怕是一点点也行，我希望帮助他们在工作中找到成就感并投入进去。
>
> 客观地来讲，对于一个毫无魅力的职业，怎样做才能让大家感到有成就感和有意义呢？我意识到，帮助大家对自己的工作感到有意义和价值就是一位领导要做的工作。我意识到我们的工作是非常有价值的，能够协助中国的农

民在经济上过上更美好的生活。只要有机会我都会强调这一点——我们的工作就是协助中国的农民过上更好的生活。不仅对销售人员，我对经销商老板们也强调了这一点。然后就渐渐发生了变化，销售人员的眼神中流露出了自信，他们的行为变得更加成熟果敢。他们从自己的工作中发现到了前所未有的意义和价值。这就是当一个人发现自己工作的意义时，发生积极变化的富含价值的体验。

员工敬业度指数（Employee Engagement Score）是一个测量组织的成员有多么敬业和投入的非常重要的指标。最近非常多的企业都会调查员工敬业度指数，嘉吉也会定期调查检验每个业务单元中的员工们投入工作的程度。然后以该调查结果为基础，为提高组织成员们的投入度而制订相应的改善方案。有些人会认为该项工作流于形式因而不去放在心上，但我认为如果真正理解此事的重大意义并加以利用，这项工作的价值就会体现，组织状况也会随之改善。我发现员工身上自动自发的投入感并不是什么毫无意义的东西，而是一种具有实质意义和价值的东西。

嘉吉并购农标国际公司之后，我经营的公司内部发生了巨大的变化。约有75%的员工离开公司或者转岗去了其他嘉吉工厂，将大部分的业务转到了附近其他嘉吉公司。在留守的团队成员之间也蔓延着对未来不确定性的担忧之情和认为我们是合资企业而会受到歧视的一种受害者意识。在这种情况下，作为领导的我没有多少选择，是满足于每个月工资然后慢悠悠地过上无趣日子并坐以待毙，还是要奋力一搏创造新的商业模式生存下去？选择只有这两个，我的选择是后者。

完成公司结构调整后,在第一次部门经理会议上,我讲述了现在公司的未来取决于我们。我们的母公司是世界最大的农牧企业嘉吉,有强大的实力作为我们的后盾。只要我们努力,总部是不会放弃我们的。然后我也认识到,为了消除束缚成员们的担忧和受害者意识,从而更集中于工作并挑战更加美好的未来,就需要重新构建组织文化。经过一段时间的思考,我们决定开设"文化战役",选择各部门代表来组成工作小组,讨论我们应当拥有怎样的文化,建立公司愿景和明确战略。

　　我领导的员工敬业度分数在我们进行"文化战役"活动的过程中,得到快速的改善与提升。组织结构调整的时候第一次调查是在2002年,分数是49%,2003年第二次调查的得分是67%,2005年第三次调查的结果改善到了93%。敬业度分数为93%可以理解为有93%的组织成员投入他们的工作、认同现在的组织文化和工作氛围、对于变化和未来不确定性的担忧和受害者意识已经荡然无存。

根据怡安翰威特的敬业模式,人们敬业并投入到其所在组织的时候会表现出3S行为,那就是对组织Say, Stay, Strive:

　　评价(Say):积极评价自己所在的组织、同伴和周围人还有客户;

　　归属(Stay):对自己所在的组织有着强烈的归属感并渴望继续成为一名组织成员的愿望;

　　努力(Strive):为了自己和组织的成功,被赋予动机而尽最大努力进行工作。

也就是说，当组织内成员们的投入度较高时，他们就会自主积极宣传自己所在的组织并帮助其形成良好的口碑。还会使组织的人员离职率降低，让为组织的成长和发展努力的人员增多，实现一种积极循环。这不就是领导追求的组织该有的模样吗？那么，领导者要做的事情就会变得清晰明了，他需要创造和实施能够帮助提升组织成员敬业和投入的环境条件和行动措施。

到这里，我们已经阐述了领导者的角色是唤醒工作的意义，认识到自己工作意义的员工们会自发地投入到工作中去。领导者可以通过员工敬业指数工具不断审视组织成员的投入情况，确保自己在唤醒成员工作意义上不会偏离轨道。

领导人加强组织的能力

组织能否成功取决于组织的能力。组织的能力强则成功，反之就会被淘汰。只要组织拥有强大的能力，即使在短期遇到危险和经受挫折，在长期终将会达成成功目标。但如果组织不具备相应的能力，可能会凭借运气短期取得成功，但绝不可能期待长期持续地发展和成功。

如果组织不具备能力，愿景只不过是一个无法实现的梦想罢了。为了实现可持续的成长和未来愿景，领导人应优先考虑加强组织能力。领导需要比较并明确组织未来应该具备的能力和当下组织已经具备的能力两者之间的差异，并思考如何减少两者之间的差距而采取提高组织能力的相应行动措施。

可以将组织的能力定义成"通过优秀组员的有机合作持续创造成果的能力"。虽然会有诸多因素影响组织的能力，但作为领导者，为了加强组织的能力需要特别关注三大范畴：

- 人才
- 合作
- 创新

人才

组织需要优先具备的能力就是人才发展能力。组织需要建立一个有效的人力资源系统，包括人才招聘，培训并发展他们，并为做出杰出贡献的人才提供晋升空间。同时，需要努力留任那些合适的人才。如不具备人才发展和支持人才持续成长的人力资源系统的话，组织就很难持续成长。若没有人才，怎么可能实现组织成长呢？

吉姆·柯林斯不也在《从优秀到卓越》一书中从卓越企业的许多特性中选了"先人后事"吗？根据他阐明的观点，领导应该把焦点放到"谁"而不是"什么"上。卓越企业的领导人如果有了确保组织发展的合适人才的话，他们就会为自己赋予动机，拥有能够适应变化多样的商业环境并创造最好成果的信心。同时"因材施教"是他们对于人才的管理方法——无论是什么位置，安排最合适的人才，让不合适的人"下车"。除此以外柯林斯还提出了如下原则，讲述卓越企业的领导在人才管理方面的实用方针：

若无法确定，则宁缺毋滥，保持观望态度。
一旦发觉换人之举势在必行，则当机立断。
将杰出人才用于抓住天赐良机，以图发展，而不是解决你的最大难题。

只有一贯性地使用这些原则，组织的能力才会加强并获取持续的成长。

当组织拥有有能力且合适的人才之后，它获得的最大好处是"人才召集其他人才"。我们都想成为成功组织的成员，谁都不想待在失败的组织之内。由人才组成的成功组织能够感召其他人才。如果领导想构建一个强有力的组织，那最先要做的事情就是雇用、发展并保留有能力的人才。

我负责的南京农标国际公司在完成组织结构调整并以新的商业模式支撑公司业务发展后，我开始思考应该如何建立公司人才库。销售组织尤其是个问题，因为急于求成，我首先以有经验的人员为主进行了聘用，但实践证明他们并没有创造有意义的成果。原因在于，我们的工作方式和他们原先所在公司的工作方式存在着巨大差异，企业文化也截然不同，最后导致很多新聘人员适应不了甚至辞职。聘用一位有经验的人员，工作不到几个月就辞职了，这种状况对公司而言损失巨大，直接产生的销售成本也是很高的。对于时间成本、机会成本的浪费也是巨大的。他们在其负责的市场无法发展新客户，而且也不能为原有客户正常提供服务，导致客户抱怨不断增加。

面对这样的情况，我决定做新的尝试。韩国有句俗话"越着急越需要慢行"，我决定要慢行。我招聘了大学毕业生作为公司新销售人员，培训了我们的文化和工作模型并派到销售前线，结果大获成功。这就像在白纸上画画一样，给大学刚毕业的年轻员工教育企业愿景和销售技术，他们对此没有任何反感并欣然接受。他们能够在现场按照公司教导的方式执行，从而获得符合期待的成果。更重要的是，我们的工作方式不仅传播到了新职员的母校，也传到了竞争公司。竞争公司的销售员工会打听农标国际公司现在有没有新的工作岗位。第二年为了选拔新职员而到大学进行校园招聘会时，会因报名人数过多而不得不经过几次面试选拔。这是让我感悟如何到校园选拔人才，如何耐心地培养新人的宝贵经验。

组织为了培养人才需具备的能力是学习能力。领导需要将组织构建成一种"学习型组织"，应该形成让组织员工能够通过正式或非正式学习不断获取新知识，不断提高组织竞争力的环境和系统。此外，还应该建立不仅仅停留在一人身上，而是能够共享到组织全体并升华为集体智慧的系统。

合作

组织在具备了能够发展、培养人才的能力之后，则需要建立让他们为了实现共同的目标有机合作并产生协作效应的系统，合作就是如此。成员们的能力对一个强有力的组织的形成是必要条件，但成不了充分条件。为了成为强有力且不断走向成功的组织，领导者需要让组织的能力大于各成员的能力之和。即使各成员们的能力突出，但如果组织像沙砾一样不能团聚到一块，那就无法发挥组织的能力。

在嘉吉将合作定义为"不允许同伴失败"。通过分享我具备的知识和经验，让一起工作的同伴避免失败并共同为组织的成功努力奋斗，这就是合作。为了加强组织的能力，领导需要建立能够让成员们明确并意识到合作的意义，并能够有机合作的工作氛围和系统。

尽管如此，我也有没能创造出有机合作而失败的经历。

这是我领导中国华南地区事业部时发生的事情。当时公司有新战略，扩大水产饲料事业。于是公司在现有的畜禽饲料工厂追加了水产饲料生产线，我任命了热情的年轻人负责水产饲料的生产工作。原来负责畜禽饲料生产线的经理是一位经验丰富、老练的生产部长，因此我也期待他能很好地带领年轻的经理，但事实却和我的期待截然相反。水产饲料生产组和畜禽饲料生产组不但没有很好地合作，反而相互对峙，两败俱伤。生产中一旦发生问题，双方就将责任归咎于对方，呈现出典型的低效率生产组的形态。为了改善这种情况，我曾经付出了各种努力，但收效甚微。因为问题的核心不在于生产部。由于畜禽饲料和水产饲料的专业领域不同，当时两个事业部由不同的领导人独立负责运营。经营各事业部的领导人之间的沟通合作不到位，缺乏合作共识，继而传导到生产部之间的合作不畅，以致对两个事业部的业绩都产生了负面影响。

从上述例子可以看出，合作并不是仅靠期待就能实现的。为了正常发挥合作的功能，领导应该确立有机运作的环境和系统。案例中合作失败的根本原因是组织结构设置妨碍了合作。销售职员的收入和奖励是基于各自事业部的销量决定的，包括我在内的公司管理层事先没有考虑好这一点，在畜禽饲料生产工厂追加水产饲料生产线，降低了畜禽饲料生产效率，这一战略决定是阻碍合作的根本原因。

创新

加强组织能力的另一个重要领域是创新能力。为了迅速回应急速变化的客户需求、主导市场和在日益加剧的竞争中保持优势，组织必须具备创新能力。有多少因缺乏创新而被淘汰的企业呢？无论是什么样的组织，只要没有创新就肯定会被淘汰。

那么，创新是什么？在嘉吉，创新被定义为"将知识和见解转化成能创造价值的非凡解决方案"。创新就是利用我们已经掌握的知识和洞察，创造出与众不同的全新解决方案。也就是说，要求组织成员拥有不断探索新的、有效的方法的工作态度，而不是一味被动地适应工作。而且，领导应该创建让组织成员能够进行创新工作环境和系统。领导者要认识到唯有创新的组织才能够生存和成长这一严峻事实，并致力于加强组织的创新能力。

在领导力教育中，一位员工提出的"领导力和管理之间有什么区别？"的问题成为我能够获得多种感悟的契机。在把经营理解为包括领导力和管理的综合概念之后，我看到了走向成功"经营"的路径，从而意识到了一位有能力的经营者不仅仅凭借管理能力就行，也不能只注重于领导力的这个事实。为了成功的经营，需要有管理和领导力的艺术平衡。

领导者确实需要做与管理者不同的工作。领导者的工作不仅会帮助到自己，也会帮助到他人的成长，并把目光聚焦未来。他会帮助各组员发现自己工作中的意义并投入进去。组织的持续成长是加强组织能力的工作结果，因此领导者会把重点放到加强组织能力上。

所有这些感悟都是从一位职员的单纯却有意义的提问开始的。只要有谦虚的态度并敞开心扉，就能从任何人身上学到新的东西。

第三章

领导力要如何发展

大众期待什么样的领导

不同的领导力风格

为什么要发展领导力

如何发展领导力

> 如果你想要攀登高峰,你就必须提升自己的领导力。如果你想发挥更大的作用,你就必须具备更大的影响力。
>
> ——约翰·麦克斯维尔

其实，要回答"如何发展领导力"这个问题，就必须先回答"我要成为什么样的领导"这个问题。我们先从现代管理学之父彼得·德鲁克的著作《管理的实践》里介绍的故事开始。

> 当问到三位石匠他们在做什么时，第一个人说："我靠这个养家糊口。"第二个人挥着锤子说："我在做这个国家最漂亮的石匠活儿！"第三个人以满怀愿景的眼神说："我在建造寺院。"
>
> ——彼得·德鲁克《管理的实践》

虽然上述的故事很短，但对处于领导位置的人思考需要拥有什么样的心态格局进行工作，提供了有意义的启示。

如果像第一个石匠一样，领导者只是为了维持自己的生意而进行工作的话，他就不能算是真正意义上的领导。这种领导只能算是占据领导职位的人罢了，不能说在发挥着领导的作用。这种类型的领导关注的只是自己的生意，并不是组织或成员。组织的发展或员工们的成长什么的都只不过是虚空的回音罢了。这种领导甚至都不会为了自己的成长和发展而努力，只会因担心失去自己的职位而战战兢兢地活着。他甚至会把精力和时间花费在贬低有能力的同伴上，并制造组织内的不和。这当然不是我们期待的领导的样子。

偶尔会有人说"我赚多少就干多少"或者"比起我的工资，我在做太多事情"。以这种态度工作的人就属于第一个石匠一样的类型，健康的组织就应该没有这样的人可生存的地方。如果一个组织是这样类型的人在做领导，那就该放弃这个组织能够取得巨大发展并成长的期待。

像第二个石匠一样的领导是为自己的发展而工作的领导，也可以说是为了让自己能够获得最高位置或荣誉而尽力的领导。我们不能说为了成为最好的自己而努力的领导者是错误的，因为我们的确是以自己的成长和发展为目标而进行组织活动，如果不能在组织活动过程中获取个人成长和发展的话，那还为什么要在组织中工作呢？组织在成长，但如果不能给有贡献的人员分享成长果实的话，那么组织成员为什么要努力工作呢？只是我们需要警惕这样的领导力，它的对象不是组织和组员的成长，而是偏向于自己的成功。管理大师德鲁克指出，"它存在着把人们的愿景和努力与组织目标脱轨的风险"。领导需要警惕起来，不能沉溺于自己的成就欲望。我个人认为，领导可以为了让自己变得更好而工作，但同时也应该将这种欲望和组织的愿景保持一致。这样不仅可以升华自己，同时也可以为组织带来发展的优秀领导力。

把自己的工作在心里描绘成最终寺院的模样的第三个石匠，就是我们需要和期待的真正的领导人。因为这种领导人总会在心里想着组织的愿景，所以他们能明确地意识到自己在做的事情的意义和价值。他们就像艺术家一样，在心中描绘出作品完成的模样，然后一步一步、认认真真地完成自己的作品。真正的领导人会在心里描绘出自己带领的组织的最终未来图景，并带领组织和成员一起去成长和发展。也就是说，他们会同时为了超越自我的个人目标和为实现组织愿景而竭尽所能。如同第三位石匠一样，他怀着建立寺院的使命感和愿景去做自己的工作，这就是我们梦想并需要追求的真正的领导力。

大众期待什么样的领导？

我们先来回想一下自己曾经一起工作过的领导，其中有再也不想和他/她一起工作的吗？那些想再次一起工作的上司有着什么样的特性？是以什么样的方式去领导大家和处理工作的呢？再也不想见到的上司又是如何带领员工和处理工作的呢？

无论他们表现出什么样的领导力，到现在还想再次一起工作的上司肯定满足了大家的期待。与此相反，再也不想和他一起工作的上司不仅没有满足大家的期待，反而很有可能给大家带来巨大的失望，甚至是伤害。成为一名领导之后，我们会给下属们留下领导力的体验和记忆，我们希望自己带领的人们把你记住成什么样子？如果我们希望自己被员工们记住成为想再次一起工作的领导的话，不仅需要借鉴别人优秀的领导力，而且也要理解大众期待的领导力特征和行为并反映到我们自身的领导力实践上。

人们究竟期待什么样的领导人呢？他们会期待自己的领导人具备什么样的特质和特征呢？对于这个问题，有一个非常有意义的研究结果。《领导力》一书的作者詹姆斯·库泽斯和巴里·波斯纳从20世纪80年代初开始通过"备受尊敬的领导人特征的调查"的调查问卷，研究了有关人们乐于跟随的领导人身上具有的特质。根据他们在过去40余年的时间里的研究表明，不论人种和地区，以下4种领导力特质是最重要的，也是人们最期待的：

- 诚实
- 鼓舞人心
- 胜任力
- 前瞻性

当然,不同的人对领导期待的特质和特征会有所不同。但是,即使时代在发生变化,被选为最重要的领导特征还是前面提到的"诚实""鼓舞人心""胜任力"和"前瞻性"。那么人们为什么始终认为这四种领导力特征是最重要的呢?

我们期待领导是诚实的——作为领导者身上最重要的特性,人们选择诚实并不奇怪。远离不诚实的人是人们普遍的情绪,况且如果一个组织的领导不诚实的话,就没有成员会相信并跟随这样的领导。

库泽斯和波斯纳在他们的另一本书《领导力的真理》中讲过诚实意味着"讲述真相并以伦理原则和明确的标准来生活"。"讲述真相"是一种超过单纯不说谎境界的非常积极的行为,因为不说谎有时只会停留于不揭露现实的消极行为上。作者将诚实定义为"带着伦理原则和标准生活",就是讲,需要用行为实现自己的原则和标准。其实人们不仅仅通过言语来判断一个人的诚实,还会通过这个人做了什么来判断。有没有遵守自己所说的话并通过行动来实践,这才是判断一个人正直性的标准。从这个意义上讲,人们对领导期待的诚实是指,领导一定要实践自己所说的话并按自身要求认真履行职责。一个领导者务必要遵守自己承诺的事情。

诚实是领导力的基础,领导力的根基是信任,信任的基础是诚实。只有诚实的人才能获得其他人的信任。我们每个人都不会给不诚实的人以信任。如果没有信任就无法建立和维持巩固的人际关系。考虑到领导力也是领导与跟随他的人之间的人际关系,诚实肯定是领导力的基础。

　　作为领导，要想赢得别人信任和尊敬，我们需要成为诚实的人。在这里我想分享一下自己过去对于组织中有些现象的观察和思考。有时候在组织中被认定为新一代领导人的人才中，有些人会做出一些不受人们欢迎的行为，这些行为甚至有些虚张声势和傲慢。他们之所以有这些行为表现，是为了故意夸大和虚假包装自己的能力以赢得上级和同事们的认可与赞扬，然而实际上这并不是正直领导人该有的模样。其实即使是领导人，也不可能是完美无瑕的，不要去包装自己，应展现出自己本身真实的模样，这反而更容易靠近组织成员并和他们建立信任关系。

　　我们期待领导能够鼓舞人心——鼓舞人心的领导能够让人们心跳加速，看到自己的潜能。激励能够对人产生积极影响，也能唤醒实现一种成就感的欲望。鼓舞人心的领导能够从人们身上驱逐消极情绪、填满积极情绪，并能够让人们不断尝试和享受新的挑战。

　　领导以积极和热情的态度引领组织，为组织注入活力。他身上总是富有能量，也不会畏惧失败。鼓舞人心的领导由成长的意志填满，且给予只要与成员一起就能成功的信心。组织的成员不会被动而行，他们自信充沛，会为了创造更大的组织成果而主动积极挑战。

　　谈起鼓舞人心的领导，人们肯定会联想到一位代表人物，那就是引领美国黑人解放运动的领导者马丁·路德金牧师。他在1963年8月28日美国华盛顿特区举行的"为工作和自由向华盛顿进军"中演讲的"我有一个梦想"令人震撼。让我们一起再次感受一下鼓舞人心的领导人的魅力。

　　　　我梦想有一天，这个国家会站立起来，真正实现其信条的真谛："我们认为这些真理是不言而喻的——人人生而平等。"

> 我梦想有一天，在佐治亚的红山上，昔日奴隶的儿子将能够和昔日奴隶主的儿子坐在一起，共叙兄弟情谊。
>
> 我梦想有一天，甚至连密西西比州这个正义匿迹、压迫成风的地方，也将变成自由和正义的绿洲。
>
> 我梦想有一天，我的四个孩子将在一个不是以他们的肤色，而是以他们的品格优劣来评价他们的国度里生活。
>
> 我今天有一个梦想。
>
> 我梦想有一天，亚拉巴马州能够有所转变，尽管该州州长现在仍然满口异议，反对联邦法令，但有朝一日，那里的黑人男孩和女孩将能与白人男孩和女孩情同骨肉，携手并进。
>
> 我今天有一个梦想。
>
> 我梦想有一天，幽谷上升，高山下降，坎坷曲折之路成坦途，圣光披露，照满人间。
>
> ——马丁·路德金《我有一个梦想》（节选）

我们期待领导有胜任力——优秀的领导实现卓越的工作成果，也就是说领导需要有胜任能力。有位领导力专家说，展现胜任能力是树立领导力最准确最迅速的方法。如果展现出能够解决组织现有问题的能力，领导就能够自然而然地在组织中发挥很强的领导力。

说一个领导有胜任能力、有才能就是指所谓的"能知道怎么干活"，也就是指他具备了业务能力。领导能干活并不是指需要具备精通所有相关职能和业务知识的意思，更不是指需要把所有业务都处理得很优秀。领导能干活是指他懂得工作的本质并以此来解决工作中的问题。具有抓住事情本质的能力是我结识的许多有能力的领导们拥有的共同点。因为他们能够理解问题的来龙去脉并找出解决问题的方案，所以即使出现多么复杂和困难的事情，他们都不会退缩放弃，能够把问题解决掉。

过去南京农标普瑞纳的人事部经理在大学时的专业是英语。在她入职的时候，公司由美国人担任总经理并经营，所以英语能力卓越的她就担任了秘书一职。她第一次和我一起工作的时候，也同时担任了人事部部长和我的助手职位。

在公司结构调整之后，为了尽量缩小组织规模，我在公司暂时运作了所谓的"兼职"体制。许多部门的负责人都同时担任了双重责任。当时财务部经理突然单方面通知离职，然后就再也没有来上班，这可是件大事。即使每个月的结算等日常业务都可以由财务部的职员来处理，但和总公司沟通财务数据等工作还是需要由有能力的管理者来负责。更大的问题就是，无法在短期内找到新的财务经理来接替工作，并且美国公司进行结构调整的消息已经传出去了，所以根本就没有合适的人才来应聘这个职务。

经过思考，我找到人事部经理，和她沟通让她同时管理人事部和财务部两个部门。人事部经理本人当时就表示不可行，同时就连总公司也表示强烈反对。总公司的财务总监甚至批评我，说我把财务业务当成了任何人都能做的事情。但我的想法并不相同，她确实是"会干活的人"。无论是面对什么事情，她都能够抓住事情的来龙去脉。对于财务业务当然是需要专门知识，但我认为财务部的员工们已经拥有充分的财务专业知识，在当时，公司所需要的人是能够领导和管理财务部门与总公司沟通的人。所以，我确信只要她有对财务部门业务的基本理解，那她就是合适的人选。于是带着这样的观点，我一个一个说服了相关领导，终于让她兼管公司的财务部门，直到聘用到新的财务部经理。

事实证明我的判断是正确的。她除了能成功地担任人事部经理，同时也非常出色地扮演了财务部领导一职。那位曾经批评过我的总公司财务总监也感叹她的学习能力并高度赞赏了她。在新的财务经理到岗之前，她成功地履行了财务部经理的职位，她就是一位"能干活的领导"！

有胜任能力的领导为了解决问题，懂得如何利用资源。领导不可能具备所有能力，也没有那个必要。因为在有能力的领导人周围有着能够帮助解决问题的这么多资源，懂得如何利用资源也是领导人的能力。

不会工作的领导无法获得组织成员的信任。只有懂得如何工作的领导才能获得组织成员的信任并持续这种信任关系。我们期待的是有能力的领导，而不是那种业务处理能力低下、面对工作问题不知所措的领导。

我们期待领导有前瞻性——人们都会希望组织有更美好的明天，也会期待能将这个希望变成现实的领导。所以我们期待我们的领导谈论未来，而不是过去。

领导应具备前瞻性的意思是指，领导的想法和视野不应该仅仅停留在过去或现在。也就是说，领导者应该去展望组织未来，并引领组织共同开拓更美好的明天。前瞻性的领导明确懂得组织应该有着什么样的目的和目标，判断组织目前所处的现状和位置，并与组织成员透明而坦诚地进行沟通。通过这样的一个过程，帮助组织成员形成共识并同频共振，一起挑战和实现更大胆的目标。

前瞻性指领导人的思维不是短期的，而是具有长期的总体想法。这并不意味着短期的成果不重要，而是指更加关注对组织未来的成长和发展重要的事情，然后制订相关战略和实施行动计划。

而且，前瞻性的领导谈论希望时不会用没有任何现实性的空中楼阁去误导组织成员，给人以画饼充饥之感。而是以现实为基础，勾勒并呈现出组织未来的画面，并以此唤起组织中人们为实现组织美好未来的工作热情。

到目前为止，我们阐述了备受人们尊敬的领导者身上具备的特性或素质，我们可以把这些特性或素质称之为"领导力的组成要素"。对于开发领导力而言，理解领导力要素是极其重要的。因为只有具备大众期待的素质的领导才有可能获得人们的信任，并成功地履行其职责。使用"跟随我"式单方面领导力的时代早已过去，我们需要理解大众期待的领导力要素并应用到确立和发展自己的领导力上。

领导力要素除了包含上述的主要四种特征和素质，还会有许多别的要素。在现实中，一个人拥有的各种不同领导力要素组合在一起之后就会表现为该领导特有的领导力风格。我认为理解自己应该拥有什么样的领导力要素，使他们组合起来，并将此发展为自己独有的领导力风格，这整个过程就是领导力发展的核心。

只是，在寻找符合自己领导力风格并使其发展之前，有件事情需要做，那就是对"自己想成为什么样的领导""自己作为领导想实现什么"等根本性的问题找出自己的答案。如不对这些根本性的问题找出自己的回答，盲目模仿其他领导的话，即使发挥多么高超的领导力技巧，你只能发挥出了像穿了其他人的衣服一样的尴尬领导力，如同东施效颦。

不同的领导力风格

丹尼尔·戈尔曼在他的论文《取得结果的领导》和著作《决定你人生高度的领导情商》中主张"领导磨炼越多的风格就越好",并提出了许多种类的领导力风格。他的主张让人想到,每个人会有其各自固有的性格和相应的领导力风格,那能否发挥许多不同种类的领导力效能?考虑到作为领导引领组织会面临的不同情况,如果一个领导固执于自己的风格,而不能因情景不同而调适的话,那么他肯定不会创造出非凡的组织成果。为了成为创造出非凡组织成效的领导,我们需要学会根据组织情景不同而应用不同种类的领导力风格。只是需要认清的重要事实是,这不是单纯的模仿,而是要掌握多种领导力技能并灵活运用于不同组织情况。拥有技能不等于拥有领导力,但它是实现领导力的工具。当领导者具备了各种领导力技能时,他们将能够以更有效的方式实现他们所追求的领导力。

戈尔曼介绍的许多种类的领导力风格对想要开发领导力的我们也很有帮助。也就是说,理解不同风格的领导力,有助于确立我们想要追求的领导力理想模型。那么,我们来深刻探讨一下戈尔曼讲述的六种领导力风格分别是什么(参考戈尔曼的著作)。

高压型

高压型风格的领导根本不需要多说什么，就是领导让做什么就做什么的领导力。高压型的领导宛如军队的指挥官，他们领导的组织文化一丝不苟。当组织陷入麻烦而需要扭转局面，或组织的氛围松散到威胁组织安全等情况的时候，可以利用这种领导力在短期使用紧张感和紧迫感来引领组织。

在1998年末，我第一次被派到中国的时候，中国的饲料产业正遭受着长期的困扰。因过低的畜产品价格，农民蒙受了巨大的损失。在这种市场环境下，许多公司根本无法赚取利润，都处于到底是选择忍受亏损还是选择倒闭的境地。当时我所属的公司也不例外，他们也正遭受着长期亏损，当时的公司由美国人担任总经理来经营，在我看来他是所谓的"人品优秀的领导"。然而，他虽然拥有优秀的人品，但不会积极地与职员沟通，因而无法带领整个组织打破当时的僵局。这位美国人最终还是自己辞去职位回到美国和家人团聚了，总公司安排了一位在中国其他地区工作的韩国业务能手接替了这个总经理的职位。

我当时负责工厂运营，新任总经理领导组织的领导力风格让我印象非常深刻。为了在松散的组织内注入紧迫感和使命感，他特别重视销售队伍的培养，强化销售队伍"永不放弃，继续挑战"的必胜精神，当时就利用了高压型的领导力。但他也没有单方面逼迫组织成员，而是通过执行严格的教育和训练，致力于加强销售团队的能力。有些时候甚至会在凌晨5点钟召开销售会议来提升销售队伍的精神状态，当时员工们对这样的新任总经理总是感到害怕，还有的员工远远看到他就选择绕开。虽然职员们对这种情况感到困扰，但从未抱怨过，因为他们看到了公司可以脱离长期亏损、恢复正常的希望。实际上在他上任后不久，公司就实现了翻转并恢复到了正常经营轨道。

这是我亲身经历过的高效利用高压型领导力的例子。虽然称它是高压型的领导力风格，听起来有点贬义，但发挥的领导力效能并不像这个词语一样是消极的，根据情况适当使用的话，就能产生积极的效果。只是不能长期使用，如长期使用高压型领导力，组织文化可能会变得僵硬，且有沦为一个不自律、没有创新的被动型组织的危险。

愿景型

愿景型风格的领导通过提出组织需要的前进方向和远大愿景来领导组织。愿景型领导是根据组织所处的环境变化，需要提出新的愿景或发生新的飞跃时能够有效发挥的领导力风格。他们用对组织未来和成长的热情来引领组织。提出愿景引领组织的领导风格，不仅需要有前文提及的前瞻性领导力素质，还需要结合能够鼓舞人心的领导力素质。

愿景型领导力在引领组织方面有着以下几个优点：

相比高压型领导力风格，组织要前进的方向会变得非常明确。因此，如果组织成员们对领导提出的愿景协同一致的话，他们会明确地了解到为了实现组织愿景自己需要做什么。成员们明确地了解自身的角色和任务能够为组织运营带来巨大的成效，这样领导就不必用一个一个交代任务并确认实施情况的低效方式，从而能够有机会将组织发展成自律的高绩效组织。

当组织的愿景变得清晰明了，组织成员们如果也认同该愿景并主动参与努力实现愿景的话，就能够产生对组织的归属感。所有人都希望成为成功组织的一员，有着强大归属感的成员是不会轻易离开组织的。我至今还记得一位和我一起工作过的年轻职员曾跟我说过，因为他太喜欢公司的愿景和文化，所以即使竞争公司曾经给他抛出过非常高年薪的橄榄枝，他也没有离开。这就是愿景型的领导力对于组织产生的力量和影响力。

而且愿景型的领导还会衡量组织的现在位置，愿景型的领导总是能够与组织设定的远大愿景作比较，评价组织现在所处的位置，找出差距，激励组织不断向愿景方向前进。

根据戈尔曼所说，愿景型领导力是最有效的领导力。但这也不是什么灵丹妙药，愿景型的领导力的最大风险是，如果过度重视组织未来愿景，就有可能会忽视现实。为了组织的健康持续发展，需要有根据组织未来和现在，在愿景和现实之间进行平衡的领导力风格。

亲和型

亲和型风格的领导重视人们的感情需求，善于与组员们建立人际关系。他们以卓越的同理心能力读出成员们的感情状态和变化，有着打造组织积极氛围的能力。因此，如果是为了团队的和谐，或是为了鼓舞士气，或是为了顺畅沟通或排除组织内的不信任，领导者可以有效使用这一种亲和型的领导力风格。

但亲和型的领导力有可能降低组织的紧张感，且如持续过久，存在着使组织变得松散的危险。所以当组织要变化和挑战时，存在着会让这种亲和型的领导陷入进退两难境地的可能性。

根据戈尔曼所说，一个领导人如果能在愿景型领导力风格上加上一些亲和型技巧的话，那么他可以获取更大的领导力成果。

民主型

民主型风格的领导是通过让组员们参与民主决策来做出决定的领导力风格。当领导对于该朝哪个方向引领组织没有定数，希望听到组员们的想法和意见时，运用民主型风格的领导力就会很有效果。例如当领导人领导新的组织时，或者是在某一领域需要做出专业决策时，开放地听取成员们的意见是非常必要的。最近在韩国，包括新兴企业，公司的组织运营方式逐渐与过去相反，朝着民主方式演化，这种变化趋势是非常积极的。企业处于这样的一个现实当中，对外需要在国际市场与其他国家公司竞争，对内需要应对新旧思想习惯交替和冲撞带来的新挑战，领导者不利用民主型风格领导力的话，那么领导和组织将难以生存。

民主型领导虽然看起来像是为组织赋予灵活性和责任感的理想型领导力风格，但现实当中往往会遇到挑战。组织需要做出快速决策时，这种类型的领导存在着错过时机的风险，也可能妨碍决策过程的效率。此外，把所有事情都通过民主决策决定的领导可能会被组员视为试图逃避责任，因而无法体现出让组员们期待看到果断的领导力模样。

领跑型

领跑型风格的领导是指设定高绩效标准，并以身作则来领导组织的领导力风格。也就是指领导成为组织的速度调节人，是一种领导人成为领头羊来调节速度，并要求组员按照领导设定的速度跟随的风格。这种风格的领导人能够对精力充沛和自我激励强的成员们产生积极影响，成为激励他们挑战更高目标的催化剂。这种领导力风格适合充满干劲和热情高涨的组织。

但这种风格的领导力有时候也会适得其反。领导以组织的持续发展为目标，提出挑战性标准并过度逼迫时，那些无法跟从其节奏的成员有着离开或脱离组织的危险。我也亲身经历过这样的情况，当组织被赋予实现可能性极小和挑战性极高的任务时，成员们根本不想去尝试就已经放弃了，甚至我还见过因此选择直接辞职的员工。

离开组织的人不一定缺乏能力或缺乏对组织的忠诚。领跑型领导人即使要设定速度来引领组织，也需要先考虑到组织的能力以适当的节奏带领。过度提高速度可能会产生副作用。

教练型

教练型风格的领导是集中于组员个人发展的风格。领导者试图成为教练，协助成员明确自身的目标和价值观，掌握优点和缺点来发展员工能力。领导想与成员进行讨论的不仅仅是工作，还想讨论关于他的梦想、生活目标和在工作中想实现的价值等有深度的主题。当成员们有着对成长的渴望或需要为组员个人赋予动机时，教练风格的领导力是非常有用和必要的。

教练型的领导力是从个人的成长和发展的观点出发，将组员的业务和职业路径联系到一起，从而带来组员们的投入，最终能够归属到组织的成长。只是，对那些没有对成长的渴望或不喜欢变化的员工来说是一种让人感到负担的领导力风格。

理解了戈尔曼讲述的六种领导力风格后，我曾经有一个疑问：领导有必要掌握这么多领导力技能吗？经过深入思考后我认为是需要的。当经营一家公司或领导一个组织时，领导会遇到各种不同的情况，看似一切都很顺利，但情况也会突然变化，导致业务遇到困难，有时也会发生预料之外的事情，组织经营情况发生变化，这些都需要领导者运用不同的领导力技巧引领组织突破从而实现业务继续发展。因此，根据情况的改变，领导需要应用不同的领导力技巧，如果能够理解根据各种情形使用的领导力风格，掌握这些技能并得心应手地使用，就更能发挥有效的领导力。

为什么要发展领导力

到这里，我们已经阐述了大众期待什么样的领导力，探索了我们可以选择什么样的领导风格，通过这些可以帮助我们厘清自己想要成为什么样的领导者。在寻求"应该如何发展领导力"的问题之前有个话题需要提前想想，那就是关于"为什么要发展领导力"，需要发展领导力的理由可以从个人和共同体两个方面思考。

首先以个人的观点来看的话，有效的领导力能帮助个人成功。也就是说根据有无领导力、领导力的强弱，付出努力后最终获得的结果大小会有所不同。由于领导力因人而异，即使付出了相同的努力，领导力优秀的人比领导力较差的人能够获得更大的成功。这可以根据约翰·麦克斯维尔在《领导力21法则》提出的领导力第1法则，"领导力决定一个人的办事效力"来进行解释。

对成功具有热情和意志的人，都会致力于自己能够做的事情上，但即使付出了相同的努力程度，也不能代表能够获得相同水平的成果，即使努力也不意味着谁都能成功。这差异就来自领导力水平的差异。由下图可见，一个人即使为了成功而付出相同的努力程度，其结果也会根据他的领导力水平发生巨大变化。领导力强弱的差异，也就是"领导力差距"与成果和结果的差异息息相关。因此，为了投入相同程度的努力而获得更卓越的成果和结果，就需要发展和培养领导力。

领导力差距图

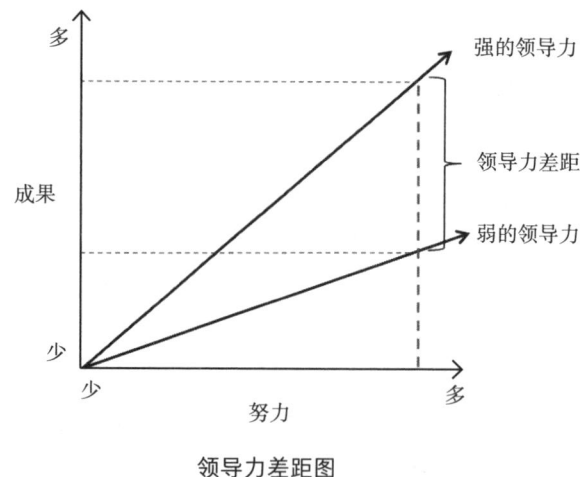

其次，需要发展领导力的另外一个原因在于，在共同体观点上对于领导者赋予的责任。在组织中，大部分人随着职位的升高，不管想还是不想，都可能会得到领导别人的机会。

在组织内成为领导去引领他人的这项工作具有特别的意义，就是有机会接受并承担要引领组织或团队变得更为优秀并走向成功的责任。只要不是以个人私利为目的，我们从成为领导的瞬间起，就会以超过个人水平，从共同体的角度来思考问题和作出决定，并为共同体的发展和成功尽其所能。为了成功地履行领导被赋予的责任和义务，领导者最需要的就是领导力。为了成功地引领共同体，组织的领导就一定要发展领导力。

与此同时，领导者个人领导力的发展并不局限于个人水平，共同体水平也仍然有效，并且也是必要的。就是说，无论是为了个人的成功，还是作为领导为组织作出贡献，领导的领导力发挥着决定性作用。有些人虽然知道领导力对于成功非常重要，起着决定性的作用，却忽略发展领导能力，这相当于是放着通往成功的路径不走，非得绕着走过去是一样的。回顾并评估自己的领导力现状，寻找需要改善的领域并持续发展是作为一位负责整体组织或团队的领导责任。

如何发展领导力

那我们可以如何发展领导能力呢？**发展领导力是一个寻找适合自己的领导风格，并将之发展为自己特有领导力的长远过程。**但是，这并不意味着寻找什么定型化的风格，将其套用在自己的领导力框架。许多领导力先驱和学者们通过分析优秀领导人的特性，提炼出了理想的领导力风格。但即使我们理解了他们推荐的理想型领导力特性，是否适用我们则是另外一个问题。我就是"我"，我不可能成为"他们"，我不可能具备和他们一模一样的特性和经历。对他们而言是成功的风格，在我这里可能会没有效果或者说效果不显著。所以说，我们的领导力发展策略需要深刻了解"自我"并掌握自己具备的特性和优点，从而把符合自我的领导力风格长期可持续地发展下去。

从大框架来看的话，领导力是在探讨以下三个要素之间的关系：领导力主体、领导对象和领导力目的。领导力主体是领导者自己，领导对象是组织和其他成员，领导力目的是组织未来发展的方向（愿景）。

行使领导力的主体是自己，由我行使的领导力行为影响其对象。如果我拥有优秀的领导力，那就可以对对象发挥巨大的影响力；如果我的领导力不够优秀，那么对对象发挥的影响力就可能是微不足道的。因此，对象会根据我的领导力影响的大小而变化。作为领导能否成功，完全依赖我的领导力水平如何。因此，作为领导者如果有渴望成功的热情，就应该开发有效的领导能力。

领导力的对象是组织和组员。领导对组织和组员行使领导力，组织和组员接受其领导力。但是主体和对象的关系并不是单方面或者单方作用的关系，况且作为领导力对象的组织和成员也并不是被动的存在。主体和对象是可以相互影响的。另外，正如我们看到的，领导力的对象是"人"，这一点非常重要。发挥有效的领导力，需要以对人的正确理解作为前提。如果领导对人怀有错误的理解或偏见，很有可能发挥与对象的欲望或需要脱轨的领导力，这就会是走向失败的领导力。

愿景也是组成领导力关系的必要要素。需要把愿景作为领导力的目的，因此领导的作用就是，帮助组员能够成长，并以此带领组织走向更好的未来。

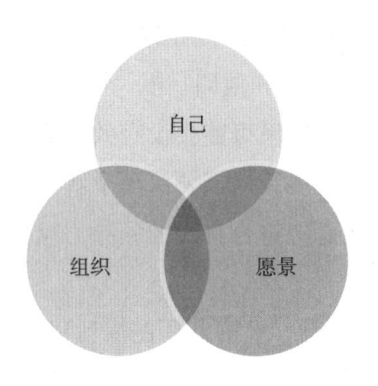

领导力关系的构成

为了发展领导力，具体要做什么呢？我在过去 20 年作为公司经营者，将课堂上的领导力理论运用到业务实操上并获得了许多经验和知识。依据我从经营现场学到的经验和知识，在自己、组织以及愿景的框架下，提出以下领导力发展策略：

策略 1　理解领导力

领导力发展的第一个策略就是理解领导力。到目前为止，我们花了不少篇幅来探讨什么是真正的领导力，也了解了大众期待的领导力以及不同的领导力风格类型。对领导力、伟大领导人的领导力风格、多样的领导力风格的全面理解，可以帮助你探索自己想成为什么样的领导。仔细思考和理解领导力的本质、伟大的领导人具有什么样的特质、其领导力有着什么样的风格，人们可以描绘出自己向往追求的领导力模型。

策略 2　认知自我

领导力发展是"我"作为领导力主体需要关注的工作。因此，正确的自我认知是必需的。那么自我认知又是什么意思？即正确认知自己的价值观、人生愿景、性格类型、优势和不足等。为此，必须投入一定的时间和努力。

策略 3　定义自我领导力

对于领导力以及自己都有了清晰的理解之后，接下来就是要定义自我领导力的过程了。定义领导力就是指，把自己追求的领导力用一句"我的领导力是……"或用一个词语来讲述。在我的领导力发展过程中，定义我自己的领导力就是我的转折点，对我领导力开发和发展产生的效果是非常大的。一旦有了自己选择的自我领导力定义的话，我们就可以确保指导接下来的有关发展自我领导力的实践。

策略 4 建立信任

领导力的对象是组织和成员，终究也是"人"。为了维持健康可持续的关系，信任是必要的。领导只有在信任的基础上才能有效发挥领导力。行使领导力前需要先建立信任，有了信任，领导力的效果就会倍增。

策略 5 共创愿景

我倡导的领导力是"愿景领导力"。愿景领导力是指，以未来指向的思维，发挥积极的影响力，并以愿景来引领组织。这也是关于如何发挥领导力才能将组织引领到更加成功阶段的方法论。没有愿景的组织很难成长，没有成长的组织是死亡组织。领导者需与组织成员共创愿景，沟通愿景以积极指向未来引领组织。

策略 6 强化执行力

无论是多么优秀的愿景，如不伴随执行和实践的话，只能会沦为挂在墙上的毫无意义的装饰品。通过执行创造变化，并将愿景变成现实，就是领导力的完成。

策略 7 强化领导力并构建领导力品牌

不要满足于自己的领导力现状，不断反省自我并成长吧。满足只会产生傲慢，傲慢就会走向失败。检讨自己领导力的过程也应包括在自我领导力发展战略之内，领导者必须时刻警惕傲慢领导力的侵蚀。领导者应回顾和反省自己开发和实行的领导力，使其更加成熟和完善，且将自己的领导力打造成特有的品牌。

第四章

认知自我

愿景
价值观
性格
优势
自我认知

根据托马斯·阿奎那的说法，思索的生活是一种使人更加完美的生活方式。"在思索的生活中追求真理的思索，就等于达到了人类的完美。""如果所有思索的契机都消失了，生活就会退化为工作，只是一种单纯的谋生行为。"

——韩炳哲《时间的味道》

开发领导力就是改变自己。如果确立了自己认可的理想领导力模型，那就需要回到自身开始逐步发展。出发点是自己，然后终点是理想型的领导力。既然确定了目的地，那就开始领导力开发的旅程。

作为开启领导力开发之旅的主体，我们需要深刻而准确地了解自己。如能准确认清自己，就可以确定自己追求的理想型领导力与现在自身领导力现状之间的差距，也能计划出如何抵达理想型领导力的具体旅程。所以对于领导力开发的第二个战略，我提出"认知自我"。

什么叫认知自我？就是对自己拥有什么样的生活原则，梦想是什么，拥有什么样的性格，拥有什么样的才能，对什么感兴趣，什么时候感受到强烈的使命意识等对于自己的全方位深刻而清晰的理解。只有准确地理解自我，才能开发适合自己的领导力。如果不能认知自我而盲目投入到领导力开发，就会犯下如同穿着不适合自己衣服的错误。

问题是，认知自我并不是一件简单的事情。自我认知有几个关键的干扰因素，最大的障碍就是确信自己才是最了解自己的那个人。其实这种确信是个误解，会让我们无法客观地看清自己，妨碍我们以开放的态度听取别人的反馈。例如一个人以"我最了解我自己"的过度自信来建立防护罩，无论周围的人给予多么坦率和真诚的反馈，他都不会去接受，于是他就会白白浪费掉许多改善和发展自我的机会。我们任何人都可能有看不清自己的"盲点"。要想发展领导力，就要以更加开放和包容的态度，具备能够接受和回味周围反馈和建议的习惯。

而且，认知自我在现实中也存在着困难。在现在社会生活中，人际关系越来越复杂，随之而来的信息量巨大，处理和消化现代社会的人际关系和众多信息会让我们变得异常忙碌。按照这样忙碌的社会速度生活下去，如果不具备一定的意志，我们就很难有回顾和反思自己的时间。但是，如果你不回头看看自己，淹没在社会关系与巨大的信息量而不能主动地生活，随波逐流和周而复始，那么这种状况会让你有一天突然达到承受的极限，从而让你感到心力交瘁。因此，即使不是为了开发领导力，也有必要调整生活的节奏，努力认知自我。我们一定要记住上面韩炳哲教授所说的"如果所有思索的契机都消失了，生活就会退化为工作，只是一种单纯的谋生行为"。

那么以什么方法才能深刻和准确地了解自己呢？我提议两种方法。

- 倾听内心的声音 → 能够确认自身的热情、愿景和价值观
- 观察自己 → 能够理解自己的性格，还有优点和弱点

倾听内心的声音是为了了解自己真正渴望的生活是什么样子，是在反省自己。这并不是为了表面上把自己包装成很酷的样子，而是为了努力看清自己本身的样子。内心的声音是与生活的目的——愿景和生活的原则——相互联系在一起的。通过倾听内心的声音，就可以明确在生活中带着热情追求的终极目的是什么，在生活的过程中绝对不能放弃的原则是什么，从内心讲述的生活目的中产生愿景，从生活原则中产生价值观。如果你能够从自己追求的生活目的升华出个人愿景，根据自己的生活原则明确出自己的人生价值观，那么作为领导者的你要以什么为目标并要如何实现这个目标就会变得更加明确。

观察自己就是指理解和评价自己是什么性格的人，我有着什么

样的优点和弱点，我的局限是什么。坦诚而客观地观察自己，就能更加清楚地了解自身能力的优势与不足，并能够确定为了加强自己的能力而需要做的事情是什么。

倾听内心的声音和观察自己是为了更清楚地理解构成自我的愿景、价值观、性格以及自己的优点和弱点这四个要素。通过理解构成自我的要素，领导者最终可以清楚地理解和履行带着使命感追求的领导力的目的和作用。那现在让我们更深入地了解自我的构成要素。

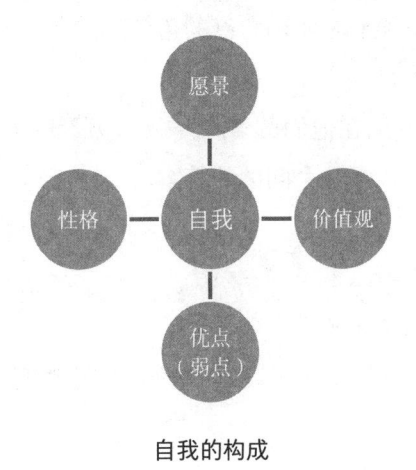

自我的构成

愿　景

内心的声音与个人的愿景相关联。愿景是目的，也是希望。拥有愿景是意识到自己的特殊使命和作用、目的和意义。为了成为成功的领导者，确立愿景是明确自己的角色、使命和目的必不可少的。

库泽斯和波斯纳在他们的著作《领导力》中为了确立作为领导的愿景，建议寻找以下几个问题的答案。

我想成就什么？
我为什么要成就这个？
为了我自己和我所属的组织，我想改变什么并如何改变？
我希望给别人留下什么印象？
如果我能够开创未来，为了我和组织，我想创造什么样的未来？
吸引我的人生使命是什么？
在工作岗位上，我的梦想是什么？
我拥有着什么样的独特技能和才能呢？
我有着什么样的热情？
我投入和着迷什么事情？如我继续对这件事情投入、参与和着迷，10年之内会发生什么样的事情呢？

我所属组织的理想面貌是什么样的呢？

我个人应该要成就的事情是什么？我想证明什么？

在寻找这些问题答案的过程中，你可以听到自己真正想要实现的内心的声音。然后内心的声音将转换为愿景，明确我们作为领导者要获取的目的和意义。

个人的愿景就是人生的目的。换句话说，这是在自己的人生中最终渴望实现的目标。倾听自己内心的声音，发现内心涌动的东西吧。将倾听内心声音后的发现升华为生活的愿景，这样你的人生就会更容易获得成功。《高效能人士的七个习惯》的作者史蒂芬·柯维也曾说过成功的第 8 个习惯是 "寻找内心的声音，并鼓励其他人也去寻找"。他说，愿景是 "让现实变得极有希望的通道，描绘着与痛苦或挫折截然相反的情况。" 寻找内心的声音也就是成功的习惯。

愿景的效用

每年教育新职员时，我都会强调人要有目标。站在社会生活起跑线上的他们之间并没有什么区别。但随着时间的流逝，差距就会逐渐出现，再过几年，差距就会变得越来越大。是什么因素造成这种差异呢？我确信这一差距源于是否有目标。其实目标的有无本身并不会产生任何差异，但有目标的人为了实现目标会付出更多的努力，并且努力会积累起来，结果会导致巨大的差异。这就是愿景或目标的力量！

愿景会带来成长。人生的愿景指生活的目标和方向，这是长期想要实现的渴望，也是创造更加美好明天的热情。发展的生活需要愿景。如果你渴望成长,就应该明确未来前进方向和愿景。因为你无法在前途不明的生活中期待发展,也不能确认自我满足的人生意义。

愿景成为人生的指南针。如果生活有指向和目的,即使生活中经历艰难波折,也不会绝望,而是继续勇敢前进。但与此相反,如果没有志向与目标,即使是很小的失败也会有挫折感。愿景让你在生活的旅途中不迷路。

愿景让我们怀有激情。有热情的人是有幸福感的。伯特兰·德拉塞尔在《幸福的征服》一书中谈到幸福的人具有的最普通、最明显的特征就是有热情。热情使我们年轻,年轻与年龄无关。拥有愿景并热情挑战就是青春!

几年前在早餐研讨会上,我听过金亨锡教授的演讲。他一上讲台就立刻开始演讲,有条有理持续地讲了一个多小时关于自己所想生活的样子,让我深受感动。真不敢相信100岁的年纪怎么还能讲得那么激情四射!听了"退休后也不要失去社会生活空间,要在比退休前所在的地方更大的社区找到可以做的事情"的演讲后,我能感受到他的热情来自他的愿景——积极行动,创造更加美好的社会共同体。这个愿景就是他热情的源泉。然后我在想,那天的演讲就是他实践该愿景过程中的一个行动吧。

愿景使我们具有强大的恢复弹性。让我们即便遭受失败也能经受住挫折,并让我们再次站起来重新挑战。因为要实现的目标很明确,所以在困难和失败中也不会放弃,不断克服困难和挑战。这就是梦想和愿景给我们带来的力量。让我们以阿里巴巴集团为例吧,阿里巴巴的愿景是"创造一种新的商业文明,让数以亿计的小微企业通过互联网受益"。1999年，在一个叫湖畔花园的小区，18个人在一间破旧的房子里聚在一起开会，开启他们艰辛的创业旅程，最终成功创办了阿里巴巴集团，这18个人也被称为十八罗汉。最开始马云和团队在北京的项目进展很不顺利，仅仅14个月后便做出一个决定——解散团队，回杭州发展。创始人马云带着团队成员来到长城，那天下着大雪，天气和他们的心情相互映照，众人一起抱头痛哭，这已经是马云人生中第四次创业失败。尽管如此，正是带着"让天下没有难做的生意"的理念和使命，马云带领团队回杭州重新开始，在挫折和失败面前保持冷静和乐观，最终创建了全球电子商务第一品牌，成为世界最大的在线贸易市场之一，并逐渐成长为阿里巴巴集团。

愿景还可以使资源得到高效配置。有了愿景，就能减少对自己的资源浪费，并有效利用自己的资源。拥有愿景，我们便不会去浪费时间，反而会集中高效地去使用。在社会关系方面，也不会为了消磨时间而进行消费性关系交往，而是为了达成愿景而选择性地建立有效的、生产性的关系。

愿景和领导力

如前所述，"面向未来的姿态"是受尊敬的领导者的特性中最重要的要素之一。通过倾听内心的声音确立的愿景要求我们扩展关注领域，为共同体发挥领导力。愿景要求我们将目光从现在转移到未来，思考组织的未来面貌和引导组织前进的方向。愿景使我们明确追求目标，发挥能引导并推动自己和组织走向正确方向上的领导力。

价值观

反省自己可以获得的另一个收获是，让我们在生活中能够确定一个永不放弃的原则，这种原则就是价值观。价值观是关于我要如何生活的问题的回答，也是属于自己人生的原则和信念。通过持续倾听内心声音，我们可以在不受任何情形影响的情况下坚守价值观。

这是一个令人羞愧的故事，我在成为经营者之前，没有为明确自己的愿景或价值观而认真思考过。在这种情况下，作为组织的领导者，我就向员工和客户介绍和教育我们公司是一家什么样的公司，我们公司追求的愿景和价值观是什么，之后我突然意识到我自己连明确的愿景和鲜明的价值观都没有。虽然对公司的愿景和价值观我能够做到畅通无阻热情地介绍，自身却没有考虑过个人愿景和价值观的事实，让我感到了惭愧和惶恐。我感受到我需要一些东西来向自己解释"我是一个这样的人"，这是给自己的而不是给别人的东西。

经过几个月的深思熟虑，我终于找到了自己的愿景，这让我感到豁然开朗和异常兴奋。作为领导者，我听到了"帮助他人成功"的内心共鸣，并将此视为我自己的愿景。与此同时，我还产生了"被同伴们视为优秀领导者"的愿望。为此，出于要做正确事情的信念，我把公司"做正确的事情"的价值观作为了我个人的价值观。我突然意识到如果自己能过上一边做正确的事情,一边帮助他人成功的生活的话,那么我将此生无憾。

价值观是私人的。这意味着你没有必要向别人去证明。价值观反映自己的成长环境、自己的信念和人生哲学,所以这只能是私人的。无须别人来评判我的价值观,我也不必对别人的价值观指手画脚。因此,我们社会的每个成员都应努力拥有正确的价值观,这在整个社会上是很重要的。否则,我们的社会会变得多么的复杂无序和相互对立呢?如果想象我们社会的所有成员都是根据自私的价值观生活,那么这个社会形势未免过于严峻残忍了。想成为组织领导者的人,必须是想通过组织的成功来成就自我,所以他需要心怀大众,努力拥有追求对于共同利益和友善的正确价值观。

价值观的力量

价值观对结果造成的影响是巨大的。我认为,个人或组织能否持续成功取决于这个人和这个组织拥有什么样的价值观,我的这种确信能通过价值观对结果造成的影响逻辑来解释说明。通过在嘉吉《绿皮书》上看到"价值观金字塔",我理解价值观是这样影响结果的。

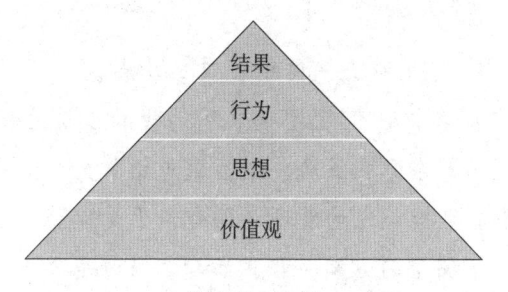

价值观金字塔

我们会以自己的价值观来思考和打量这个世界，而看待世界的想法框架或模式是由我们的价值观决定的。而且，我们的想法和模式会影响到自身的行为或行动。对同一件事人们之间可以产生出不同的意见，处于同一情形下的人也可表现出不同的行为，其原因就在于他们的价值观是不同的。例如，在危急情况下，为什么有些人会表现出自私行为，而有些人却会表现出利他行为？这就是价值观发挥了力量，是价值观决定了他们的想法，命令想法按照价值观的指引而行动。这种符合逻辑的阐述也旁证了我们的价值观会决定我们的想法和行动，从而最终影响结果的事实。

正确的结果来自正确的价值观，不正确的价值观也会导致不正确的结果。如果想成为受尊敬的领导者，就需要树立正确的价值观。

价值观和领导力

随着我有了愿景和价值观，作为组织的领导者和事业的经营者，我经历了很多积极的变化。最重要的变化就是决策过程变得简单又迅速，即使是再难决定的事情，也要以价值观为标准进行判断和决定，这让做决策的依据变得格外明确，因而过程变得简单和迅速。如果是正确的，就去做，否则就不去做。我还记得曾经发生过这样的事情：

> 有一次我听到了一位销售员成功开发了一个规模相当大的农场客户，但管理该农场的场长以决定使用我们饲料为理由要求拿到佣金。然后这位销售员知道公司的规定——不能直接给农场管理者佣金，于是他制订了通过经销商来给予佣金的方案并找我商量。当时是公司刚开始新事业模式的时期，且因新客户的开发和增量对于公司业务

发展是非常重要的，所以我当时便延迟了决定。但我很快就改变了我的想法，因为我不能做出违背"无论结果如何，都要去做正确事情"的公司价值观和我自己价值观的决定。于是我拒绝了销售员的请求，最终那位规模农场客户转到了竞争公司的手里。这虽然是很遗憾的事情，但围绕这个决定的故事不仅影响并教育了销售队伍，也影响和教育了公司全体员工。此后再也没有收到过这样的请求，这个故事成了一个很好的机会——告诉所有人，公司是按照价值观的原则来运行的，这是不可妥协的。

价值观明确的领导者，其行为是可预测的。如果我们了解领导拥有的原则，就可以预测对于什么样的事情领导会做出什么样的决定。预测可能性高则意味着在经营管理方面能够减少复杂性，并提高管理流程效率的结果。我的情况也是这样，职员们在经历要求佣金的农场管理者这件事情后，能够预测到我在今后遇到类似事件会做出什么样的决定，从而会避免再次出现类似请求。具有较高预测性的领导者可以创造清晰透明的组织原则，使其成为高效管理的基础。

性　　格

性格也是构成自我的重要因素之一。性格是指我们在思考、感受和行动上看起来具有一贯性的特征和模式。每个人的性格都是不同的，个人之间的性格差异，对人际关系和社会生活会产生极大的影响。因此，我们深入了解和掌握自己的性格，超越了解自我的层面，也是为了成功地进行社会生活。

我们可以通过观察自己来了解自己的性格。但只看是不够的，就像观察细胞时需要显微镜一样，观察自己的性格也需要工具。心理学家们开发了许多了解个人性格的工具，具有代表性的工具有MBTI、DISC，还有"大五人格结构模型"等。

在这些工具中，我推荐能够简单使用的大五人格结构模型工具。根据该模型，个人之间的性格差异如图所示，由对经验的开放性、尽责性、外向性、宜人性，还有神经质五种要素组合所体现。提取这五种特质英语单词的首字母，也叫"人格的海洋"。

外向性作为与内向性相反的特质，是性格心理学研究最多的性格特质之一。比起内部世界，外向的人更倾向于投入到外部世界上，他们八面玲珑又很积极且很活跃。因此，喜欢与人相处，总是给人一种充满活力的印象。与此相反，内向性的人更关注于自己的内在世界，内向的人表现出安静又有节制的行为，有时被误认为是害羞胆小的人。比起与人相处，他们更喜欢独自一人打发时间。而外向性要素又以亲近、社交性、自我主张、活动性、追求兴奋、积极情绪等作为部分特质。

宜人性在和谐组合方面，是一种反映个体差异的特质。宜人性高的人亲切且有较强的同理能力，也会表现出关怀他人的深思熟虑行为，他们既乐于合作，又易与他人妥协。另外，他们对人的本性持有乐观的看法。与此相反，宜人性低的人相对于合作，更具竞争性和挑战性。比起其他人，宜人性低的人会把自己的利益放在首位，表现出缺乏同理能力的行为。宜人性要素以信任性、道德性、利他性、谦虚、温柔和顺应性等为部分特质。

尽责性是反映责任感和条理性、勤奋性、目标导向性以及遵守规范和规则倾向的性格特质。尽责性高的人勤奋又有条理，有较强的自律能力，也懂得控制冲动。尽责性高低会影响制定长期目标以及目标的达成，在各种选择面前有多大程度的深思熟虑，会小心行事还是冲动行事，是否认真承担对他人的义务等。尽责性通常作为成功的重要要素。

神经质作为与情绪稳定性相对立的概念，是反映愤怒、不安、抑郁、自我怀疑等负面情绪的性格特质。具有高神经质特质的人与神经质特质不高的人相比而言，在情绪上会更容易反应，且在面对压力时更脆弱。存在对小事做出过敏反应和长时间持续负面情绪的倾向，也易发展成忧郁症。神经质对工作也有影响，具有高神经质的人往往对工作压力过度反应而难以取得成果。与此相反，情绪稳定性体现出维持感情平静的能力，情绪稳定性强的人有着情绪起伏不太大，也能很好地承受压力和困难情况的倾向。

对经验的开放性是反映对新的想法或经验的接受度的性格特质。具有高水平开放性的人追求多样的体验，也对不熟悉的东西感到好奇且舒适。另外，他们有着较强的求知欲，且有创意，也有乐于接受新事物的倾向。与此相反，开放性低的人不仅喜欢反复做过的事情，还喜欢自己熟悉的人和事情，包括想法等。

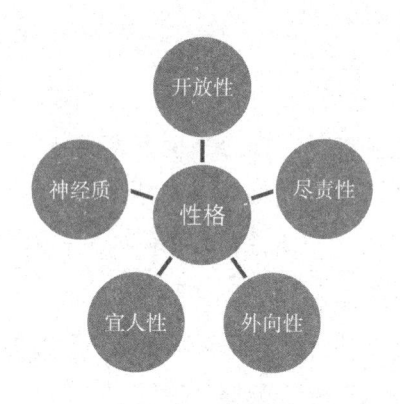

性格的 5 大要素

在我们了解了"大五人格结构模型"中构成性格的五大特质后，让我们了解一下自己是什么样性格的人。从大五人格结构模型的角度，可以使用简单检查性格的工具，例如萨姆·戈斯林、贾森·伦特弗罗、威廉·斯旺开发的 TIPI（10 项性格列表）。如下表所示，TIPI 是通过回答 10 个问题即可简单检测性格的方法。虽然检查方法简单，但我在掌握我的性格时比起 MBTI 或 DISC，得到了更大的帮助。

10 项性格列表（Ten-Item Personality Inventory）

请用分数评价自己针对如下 10 项性格特征描述的同意程度。

非常 不同意	比较 不同意	有点 不同意	不确定	有点同意	比较同意	非常同意
1	2	3	4	5	6	7

1. ___ 我很外向，也很热情。

2. ___ 我具有批判性，也爱争论。

3. ___ 我值得依赖，也有自己的纪律。

4. ___ 我经常感到不安，也容易发火。

第四章 认知自我

5. ___ 我乐于接受新事物，也会想得很多。

6. ___ 我很内向，也很安静。

7. ___ 我有同情心，也很温暖。

8. ___ 我没有条理，且粗心大意。

9. ___ 我沉着淡定，情绪稳定。

10. ___ 我很老套，也无创意。

计算 TIPI 分数的方法如下所示。

外向性分数 =（第 1 项分数 + 8 − 第 6 项分数）/2

宜人性分数 =（第 7 项分数 + 8 − 第 2 项分数）/2

尽责性分数 =（第 3 项分数 + 8 − 第 8 项分数）/2

神经质性分数 =（第 9 项分数 + 8 − 第 4 项分数）/2

开放性分数 =（第 5 项分数 + 8 − 第 10 项分数）/2

　　也可以利用 TIPI 了解自己在别人眼里是什么性格的人。邀请你的朋友或公司同伴等周围熟悉自己的人为你做个 TIPI 检查吧。之后将他们的检查结果与自己做的检查结果进行比较。如果自己通过测试得到的结果和周围人评价得出的结果很接近，就可以解释为你向别人展示了（性格上）真实的自我。但如果两者差异巨大，就可以理解为你在别人眼里的样子可能是为了适应社会生活而修饰加工的样子，或者也可能是你对自己的评价不诚实，对自己存在积极性偏差。

　　根据《突破天性》的作者布赖恩·利特尔教授所说，性格特征以遗传基因为基础，随着时间的流逝就会固定起来。意味着人的性格是难以改变的。此外，利特尔教授在同一本书上主张掌握自己固定的性格特征，有助于寻找较高成功的可能性和可持续性的目标。也就是说，若设定出符合自己性格的个人目标，且为此努力的话，就能过上更幸福、更有意义的生活。

性格和领导力

我认为领导的领导风格受性格的影响很大。特别是根据大五人格的组合就决定了其领导人的基本领导风格。例如，如果你是一个尽责性高的领导人，你会比其他性格特质较强的领导人，更加注意自己的角色和责任。与此同时，很有可能也会对领导的组织成员提出一样的要求，这种性格特质可能会发展成有点僵硬且缺乏灵活性的领导风格。相反而言，宜人性性格特质高的领导人会表现出亲切和易于接近的样子，追求组织成员之间协同和谐的领导风格。

我指出关于领导者性格这一点，不为别的，是说明关于领导需要是外向且具有领袖风范魅力的这个普遍性的偏见。苏珊·凯恩在她的著作《安静，内向性格的力量》中提出，在美国社会蔓延着"外向型"等同于理想型的偏见，内向型被认为是异类。我认为在东方社会也存在这样的偏见，只是程度不同而已。但我们看看那些成功的领导者，就能发现性格并不是决定性因素。例如，之后会介绍的吉姆·柯林斯的 5 级领导力理论认为，比领袖风范更重要的是有谦虚和不屈意志的卓越领导力。外向性格不是成为优秀领导人的首要条件，反而，我确信通过设定明确的目标，找出适合自己性格的领导风格并将其发挥出来，能够产生可持续的成果。

优　　势

我们来了解一下构成自我的另一个重要要素——优势。当然，弱点也是构成自我的要素之一，但与其费力克服弱点，人们不如将精力集中于发扬优势上。因为人专注于自己擅长的事情时，能够取得更好的成果。无论在什么领域，成果都是由聚焦才干和自己的优势并尽最大努力的人创造出来的。仅仅克服弱点是无法与有才干的人竞争并创造更好的成果的。我们从经验上得知，通过努力战胜天赋是不容易的。因此，为了创造成功的结果，我们需要掌握自己的优势，并进行强化和持续发展。

但是，到底什么叫优势呢？集中发挥优势，这又是什么意思呢？马库斯·白金汉和唐纳德·克利夫顿在他们的书籍《现在，发现你的优势》里通过如下定义，给出了涉及这些问题的解答。

优势就是"在某个活动中一贯性地、创造出几乎完美成果的能力"。

那如何一贯性地创造出几乎完美的结果呢？我们能直观感受到，单纯努力是无法创造出完美结果的，我们需要的是才干。为了掌握自己的优势，你应该首先要知道自己有着什么样的才干，并发挥这些才干，然后逐渐转化为自身优势。说到才干，我们通常会想到艺术才干、运动才干或学习能力等，但两位作者扩展了我们对于才干的认知。他们将才干定义为"想法、感觉或行动会自然反复的模式"，并提出了34个主题。他们的主张是每个主题都是"才干"。他们对才干的定义并不单纯局限于某个有限的类别，而是将其理解为每个人都具有的天生特性，从而开启了任何人都可以将其开发为强项的可能性。

许多人认为自己是没有什么才干的人。当年我也认为自己是一个没有特殊才干或天赋的人，但是自从读了《现在，发现你的优势》以后，我的想法发生了巨大变化。通过名为"优势发现器"的测试确认到了我的主题，并将其视为"才干"之后，自己看起来感觉就很不一样。我想到自己也是一个拥有各种才干的人，这也成了让我思考如何发展我拥有才干的契机。

当然，优势不是仅凭才干创造出来的。马库斯在他的著作《你需要知道的一件事》中说道，优势是由才干、知识和熟练的技能组成的。用公式表达如下：

$$优势 = 才干 + 知识 + 技能$$

当你定义优势是可以持续创造几乎完美成果的能力时，优势公式会告诉你，光靠才干是无法创造自己优势的事实。为了打造优势，需要在天赋才干上外加可通过努力掌握的知识和技能。让我们看看作者引用的例子：面对陌生人的能力是一种才干，与此相反，可以销售任何东西的能力是优势。为了说服别人购买自己正在销售的产品，不仅需要有面对他人的才干，还需要掌握产品的知识和销售技能。

优势是才干、知识还有技能的组合。为了将自己的才干转化为优势，就必须在才干的基础上，掌握必要的知识并磨炼相关技能。为了开发自己固有的领导力，就应该掌握自己拥有什么样的才干，加上必要的知识和技能，将其发展为自己固有的优势。

优势和领导力

树立领导力最快最可靠的方法就是展现自己的能力。当组织遇到某个问题时，如果有人能够解决该问题，他自然在组织中就具有了领导力。不言而喻，个人的能力是建立和维持领导力非常重要的因素。

问题是，很多人并不清楚自己具有什么样的能力，不仅如此，还不能客观评价自己的能力。有的人因高估自己的能力，做出了过度的承诺；也有人低估自己的能力，表现出消极和不自信的态度。自我认知就是客观把握自己的能力，为了积累成功的职业生涯，成长为领导者，需要明确了解自己擅长什么和自己不擅长什么，从而可以集中精力做好自己擅长的事情来创造成长的机会。特别是在像今天这样细分和多样化的社会经济系统中，为了怀着成就感去工作，就需要专注于自己擅长的事情，并持续创造出成果。当你专注于能够发挥自己优势的事情时，你就能创造出成果且获得领导力。没有成果支撑的领导力是不可持续的。

自我认知

自我认知就是寻找自己内心的声音,深入观察自己而获得对于自身的愿景、价值观、性格以及优缺点的了解。丹尼尔·戈尔曼,在《情商4:决定你人生高度的领导情商》中认为,自我认知是由情感的自我认知、准确的自我评估和自我确信三个要素组成。那么,让我们来思考一下自我认知对于领导力开发具有什么意义。

"情感的自我认知"即能够认识自己的情绪或情感变化。它可以帮助我们预测自己的情感变化和由此产生的反应会对人际关系和工作产生什么样的影响。因此,为了敏感地感知到内心的情感变化,避免对沟通和工作产生负面影响,领导者需要懂得管理情感的变化。这样的领导者因已确立基于自己价值观的切实原则,即使在紧急复杂的情况下也懂得应该如何反应。以我的经验而言,我确信即使是情感的自我认知也不是天生而来的。它也可以通过训练或模拟进行一定程度的开发与发展。一个人一旦具备了情感的自我认知能力,那么他即便是在危急情况下也能不慌不忙地合理应对。作为领导人,这样的人可以给予成员们足够的安全感和信任。

具备"准确的自我评估"能力的领导者应该是客观的。不会认为自己是领导者就应该具备所有的能力。知道在何种情景下自己该展现能力和在何种情景下自己该退居幕后。在需要帮助时,他懂得虚心求助;在需要出面解决问题时,他也敢于挺身而出。客观评价自己的领导人不仅清楚自己的优势,还清楚自己的局限性,因此懂得虚心接受别人的建议和批评。领导者的准确自我评估能力有助于自身领导力的持续成熟和发展。

"自我确信"是对自己能力的确信。这与领导的顽固和固执不同。根据客观的自我评价，了解自己的能力，并据此对自己能做的事情感到有信心。确信表现为自信，这让人感受到领导者的存在感。但是，一个人如果不能客观且准确地评价自己的能力而盲目自信，那么这种不切实际的自信反而会成为毒药而破坏自身的领导力。

到目前为止，我们探讨了领导力开发的第二个策略——"认知自我"。认知自我意味着了解作为自我组成要素的愿景、价值观、性格和优势是什么。然后，我们也认识到了自我构成要素对于领导力的意义。虽然，比起你的愿景和价值观等内在的东西，人们会更多地根据你在什么样的公司里以什么样的职位做什么样的工作等外显的成果来评价你。一个人的社会地位和作用如果不是以牢固的自我构成要素为基础，那只不过是非常暂时的东西。

即使你在较大公司的高层工作，如果你不能以正确的领导力履行自己的角色，你在这段时间里积累的所有成果可能一瞬间就会被摧毁。要明确树立自己的愿景和价值观，并将此作为你的生活目的和原则，发展符合自己性格的领导力风格。而且，如果你专注在你能做好的事情上创造成果，我确信你会发挥出更加有效和可持续的领导力。

第五章
定义自己的领导力

定义自己的领导力

以真诚领导

定义自己领导力的目的是，将你认为正确的事情进行视觉化，并以行动加以实践。当想法、言语与行动相一致的时候，你的领导力才能发挥出真诚性。

第五章　定义自己的领导力

　　许多优秀的领导者并不是天生的领导人，他们应该尽其所能来发展自己的领导力。我也是如此。为了发展领导力，我读了各种各样的书和论文来学习领导力理论，为了学习其他领导人的经验，我一直参加演讲或早餐聚会。与此同时，我还得到了由公司提供的系统性领导力培训项目的帮助，也有过一边把通过文章和讲课学到的知识应用到现场，一边通过亲身经历来进行验证提升的机会。但是，回想起来，成就我的领导力发展决定性的契机是，我"定义自己的领导力"并将此进行坚持不懈的实践。

　　在开始担任经营者的初期，我曾努力"模仿"前任的领导力风格。他是利用强大的领导力和多样的领导力技巧领导组织的。无论是在营业会议上还是在培训职员时，他都以有魄力、流利的口才征服了听众。另外，在需要一对一地说服对方的时候，他会在事前制定周密的策略，且他具有无论如何都要按照自己的意图获得目标的很强的说服力。他的行为总是充满自信，他自由地运用了我想学习的各种领导力技巧。

　　因为他的调离，我有机会成为他的继任者。当我成为组织的领导人时，我自然而然地试图模仿他的领导风格。就这样在前两三个月内，不管怎么样我觉得自己还是起到了一些领导者的作用。但是周围的人对我领导力的反应和反馈却不太乐观，也传出了担忧的声音。更何况，我自己也觉得，模仿的前任的领导力风格并没有随着时间的流逝而变得熟悉，反而有些尴尬和不舒服。那种感觉就像穿了别人的衣服一样，我意识到了有些不对劲，于是就有了强烈要改变的想法。

　　曾经有一段时间，我陷入了苦恼之中。我作为领导者要做什么并且怎么做呢？我想实现什么呢？我离开中国的那天，我希望员工们有什么样的反应以及对我有怎样的评价？在遥远的将来，我希望给中国员工留下怎样的印象？寻找这些问题的答案并不困难。作为一名外国人，我只是被暂时派到中国工作罢了。在我离开中国的那天，我希望和我一起工作的员工们能感到依依不舍，今后也能记住我这位曾经对他们给予过帮助的老领导。那么怎样才能达成那样预想的结果呢？答案很简单，只要真诚地帮助他们成功就可以了。于是我把这变成了我的领导力定义——我的领导力就是"帮助别人成功"。

　　定义完我应该要执行的领导力，并把自己定义的"我的领导力就是帮助别人成功"放在心里以后，我感觉到非常新鲜，就像我才找到了自己一样。然后我就有了自信，决策也很清晰明了，心里通透且做事游刃有余。当我需要判断和决定时，"帮助别人成功"的领导力定义成了我遵守的最重要原则。在我与员工们进行交谈和教导时，我的目的也很简单明了。要如何"帮助对方成功"就是我需要聚焦的事项，因此我要判断并决定的标准也很简单，那就是我的决定能否帮助到他们的发展和进一步成功。在与职员沟通时，我努力在每一句话里真诚地表达出这种领导力定义，与客户的关系也是如此。我的课题是"要如何帮助他们——让许许多多勤劳而困难的中国农民过上更好的生活"。我们希望我们的销售人员和经销商老板们能够看到我们工作的真正价值，从而能够帮助我们终端的客户——农民过上好一点的生活。

自此以后慢慢地，公司的状况发生了积极变化。首先，我在领导者的职位上工作就像穿了合身的衣服一样，感觉越来越舒服了；员工和主管们脸上的担忧消失了，开始露出了微笑，办公室里又传来了笑声；最终从客户等外部市场也收到了积极的反馈。我想这就是我的领导力定义——"帮助别人成功"引起的变化。

定义自己的领导力

领导力开发的第三个策略是定义自己的领导力。如果了解了领导力是什么并确立了自己理想的领导形象，包括愿景和价值观，对自己有了更深入的了解和理解，那么下面就应该思考"我要实行什么样的领导力"的问题。然后以该结果为基础定义得出"我的领导力"。定义领导力意味着用单词或句子来描述自己想要追求的领导力的精髓或核心要点。就像小时候写"我未来的梦想是什么"一样，用短短文章表达出自己想要展现的领导力。例如，我把自己的领导力定义为"帮助别人成功"，我的上司简单地把自己的领导力定义为"公仆领导力"。表述得简单但并不意味着其定义包含的意义或抱负简单。我的上司是说，与其当主人，不如当仆人对下属更有帮助，这与我的"帮助别人成功"的领导力定义其实没有本质上的区别。

定义自己领导力的过程并不简单。要理解领导力的真正意义，从自己理想领导的形象中得到灵感和刺激，也需以对自己的理解为前提条件。不考虑现实中的"我"，只用理想华丽的花言巧语是无法定义自己的领导力的。如果不考虑自己的价值观和愿景，选择脱离"我"的理想领导力定义，那么由于与现实脱轨，其领导力失败的可能性就会增大。

无论你把自己的领导力定义成什么，最重要的一点就是要把自己追求的领导力内容核心反映在领导力定义之内。为了将其核心内容反映在领导力定义中，领导力开发的第二个战略"认知自我"的产物是必不可少的。因为，领导力的核心是以自己追求的愿景和价值观为基础的，此外，领导力的定义应该与自己的愿景和价值观保持一致。如果领导力定义不能反映自己的愿景和价值观，彼此背离脱节的话，就不能有把握地、充满热情地实践自己定义的领导力。总而言之，自己的愿景和价值观、自己追求的领导力核心，以及领导力定义都应该是紧密联系在一起的。

一个人一旦拥有了自己的领导力定义，就可以获得各种积极的效果。首先可以集中于自己的领导力核心上。比如我，自从有了"帮助别人成功"的领导力定义之后，除了睡觉的时间，我都在思考如何帮助一起工作的员工们成长。在这个过程中，我自然而然地成了他们的导师，为他们做职业路径咨询，致力于创造出有助于他们成长的好机会。在为帮助员工成长而进行的各种活动中，有一个系列活动是为在工厂工作的员工们而设计的，叫"厂内大学"的短期课程培训项目，这是我至今都认为最有意义的事情，并且我一直为之而感动和自豪。

> 自从有了我的领导力定义后，我总是想着"如何帮助和我一起工作的同事们成长和成功"。在想着"能做什么"的各种想法时，我想起了在工厂工作的员工们。当时在我们工厂工作的员工有很多都是教育水平较低的农民工。虽然嘉吉为员工的成长开设了诸多培训项目，但他们的培训机会相对而言还是很少，我强烈地认为他们也应该与其他员工一样有学习的机会。于是我想到，如果在工厂里披着灰尘工作的工厂员工们都能够理解公司的事业，理解自己在饲料事业的价值链中扮演着什么样的角色和在创造着什么样的价值的话，他们就可能会从自己正在做的事情中看到新的意义。

通过与公司管理层的沟通，我决定为工厂职员开设6个月课程的短期厂内大学。课程包括公司的价值观教育、与生产相关的专业知识和实地拜访客户，使大家能够初步了解饲料事业的全貌。大部分的讲座由包括我在内的公司管理层负责，有必要时从外部邀请讲师授课。完成培训课程的设计后，在刚开始授课的时候，主动积极想要听课的员工并不多，这让我感到有些失望，但我也并没有逼迫他们去接受教育。在自愿报名的10多名学生和积极授课的讲师们的热心帮助下，第一期开设的厂内大学，成功地完成了6个月的全过程。我想把毕业典礼做成工厂员工学生们能够永远铭记在心的美好人生体验，于是就从一位部门负责人的大学母校借来了学士四角帽，员工毕业生们身穿学士服，头戴学士帽，手里捧着我们为其精心制作的毕业证书，和讲师们以及公司管理层一起留影，留下了终生的记忆。这个仪式虽然简单朴素，却是尽可能让人感觉非常正式的毕业典礼，当时和同事们拍的毕业典礼照片是我现在最珍贵的照片之一。

和我一起工作过的很多人现在还在嘉吉中国或中国农牧行业的其他公司开展着他们成功的职业和事业。一想到过去我曾对他们在其成长道路上提供过一点帮助，就会想到我的领导力定义得到了很好的实践，内心里总会感到很欣慰。

通过定义领导力而获得的另一个效果是，领导人的决策能够变得快速且透明。这是自己定义的领导力在很大程度上作为领导者决策的原则和标准发挥影响而取得的效果。以我的情况为例，定义领导力特别在做出与人相关的决策时很有帮助，我要做的决定是否有助于那个人的成长和发展，就是我判断和决定的标准。一直以这种标准帮助我选择，有助于对方的成长就进行，不然就不进行。对我而言，这的确是一个简单但强有力的决策原则。

如果把领导力定义下来并付诸实践，领导力就能够给自己和他人留下一以贯之的印象，这是不可忽视的效果。因自己的领导力定义发挥主导作用，领导者的每一句话和每一个行动都不会偏离核心。同时领导者会更加慎重自己的言语和行动，组织成员也会感受到领导人毫无动摇的一致性。

当你定义了自己的领导力之后，我建议你积极地与别人分享。定义领导力是领导者对一定要实践自己追求的领导力的意志表明，同时也是一种承诺。另外，领导者需要与组织成员共享领导力定义，让他们知道自己的领导在追求什么样的领导力。这样，在开发领导力的过程中就可以获得组织成员的支持和帮助了。组织中的人们总会观望着自己的领导是否以开放的心态向人们征求坦率的反馈，可以把这样的机会作为改善自身领导力的契机。如果领导者营造了组织成员能够向领导人提供坦率反馈的开放环境，管理就更不容易混乱，领导者本人的能力也会得到提升。

以真诚领导

即使明确了自己想要追求的领导力,并将其发展成为属于自己的领导力定义,但如果在这一过程中缺乏真诚,那么就无法正常传达你定义的目标领导力。另外,即使掌握了多种领导力技巧,如果不以真诚为基础,只是单纯地模仿表面上的技能,那就会沦落为像我经历的矫揉造作的领导力。而且,无论领导的口才有多么的华丽,或多么有个人魅力和魄力,只要在领导力上没有诚意,并以自私的目的为基础,那么就无法获得团队成员们的心。因此,为了发展有效而成功的领导力,领导者必须胸怀自己的领导力定义,以真诚的态度对待他人和引领组织。

那什么叫真诚?我所指的真诚是英语"authenticity"的翻译,意思是真品而不是假货。因此,在领导力方面,真诚并不意味着展现故意包装的自己,而是展现出真实的自己。将领导人自己真心相信的价值和信念真心实意地反映在言语和行动上,就是真诚的领导力。当真诚领导者的想法、言语和行动相一致时,他人就会认为领导者没有弄虚作假,并且相信领导不会做出无法遵守的承诺。

真诚是勇气和自信。真诚的领导者会根据自己的价值观和信念引领组织。真诚领导者不会为了避免眼下的指责而做出心不在焉的道歉等行为,即便有要道歉的事情,领导者也会从内心深处真诚地进行道歉。如果不是要道歉的事情,不管发生什么事情,领导者都会以对自己的言行负责的姿态一贯前行。

第五章 定义自己的领导力

领导的真诚会对组织成员造成强烈的积极影响。最重要的是，这对领导人和成员之间的信任关系影响巨大。对于真诚的领导者来说，自己所说的话就是承诺，一诺千金，言出必行，因此真诚对于建立领导和成员之间的信任关系有巨大的帮助。以领导的真诚为基础的组织成员之间的信任关系，当组织在面临危机时，会对应对危机发挥巨大的积极作用。

在2001年嘉吉收购农标国际公司时，我经营的南京农标公司的员工之间泛起了危机感。当时离我们公司不远的地方就有两个嘉吉的工厂，而且南京农标公司又是一家与中国合作伙伴合资的公司。因此从嘉吉的立场来看，大部分人都认为合资企业是一张可以弃掉的牌。所有人都认为我们公司的大门不知道哪一天会突然关闭，并与近距离的嘉吉工厂合并。但幸运的是，掌管亚洲地区的总裁做出了与此不同的战略决定。他做出了将南京农标公司现有的业务转移到附近的嘉吉工厂，让南京公司开发新业务的决定。这样的重大决定，一方面避免了公司关门的最坏情况；另一方面，把几乎全部的业务转移到兄弟公司，从零开始新的业务，这意味着业务失败的风险巨大。同时由于从零开始的业务不需要太多人员，因此无法避免大规模员工遣散的情况发生。

当意识到需要大规模裁员的时候，员工们开始变得惶恐不安。同时我也有点迷茫，不知道应该从哪里开始进行组织结构调整。考虑了一段时间后，我决定既然不知"如何组织结构调整"，那么我不妨从"如何帮助不可避免要离开公司的员工们"的角度看待这件事情。站在员工切身利益的立场上，我带着要帮助他们的真诚着手处理当时的情况。"不管怎样，不得不让大部分员工离开的现实是不可避免的。那么，公司能为他们做的最好的事情是什么？尽我所能，不要让他们对不舍得离开的公司怀有抱怨和带着遗憾离开"，我就是这么下的决心。

怀着这样的意愿与人事经理进行了商议后，我决定不是与员工代表，而是与每一名员工单独进行面谈，聆听他们的诉求并尝试从他们的立场来理解他们，同时决定毫无虚假地说明公司所处的情况，以求得他们的理解，并了解每个员工面临什么样的困难，和需要什么样的帮助。人事经理与所有要遣散的员工一一见面，充分听取他们的故事，研究有哪些方案可以进行个别帮助，这样的沟通过程持续了近一个月。在此期间，人事经理也一直保持了以真诚帮助同事的奉献精神。无论多么辛苦，她都没有失去微笑，始终以亲切真诚的态度对待着每一个人。她在员工和公司之间发挥着非常好的桥梁纽带作用，始终平衡着公司和员工的利益。她竭力为创造最好的结果而努力奉献的模样至今仍然历历在目。也确实多亏了她的努力和奉献，原本可能会导致巨大不幸的组织结构调整最终顺利完成，效果也是好得出乎所有人的意料。在没有任何冲突的情况下，100多名员工离开了公司，南京农标公司也有了成为专业预混料公司新业务的出发点。如今我仍然坚信，当时如果没有管理层的真诚领导力，以及他们与员工们之间积累的信任，这种超乎寻常的成果是不可能获得的。

"群众的眼睛是雪亮的"。人们是能够直观感受到其领导人为了达到自己的目的，是以假扮的样子对待他们的，还是以真诚的态度来对待他们的。如果是后者，他们也会真诚和诚实地向引领组织的领导敞开心扉。只有真诚的领导人才能打动人心，从而最终获得来自群众的支援和支持。

前面已经反复说过，定义自己的领导力就是要明确作为领导人最终要实现的目的，这是一件非常有意义的事情。为此，必须要冷静客观地理解自己理想的领导形象是什么样的，现实中的自己又是什么样的。根据自己的愿景、价值观、看待世界和人的思维模式，明确自己最终要追求的领导力目标，并将其反映在领导力的定义之内。只有这样，才能让领导者的言语和行为与领导力定义相吻合，从而最终让组织成员感受到领导者的真诚。

第六章 建立信任

- 建立信任始于理解对方
- 建立信任也要读懂组织的氛围
- 建立信任的技巧和工具
- 信任创造价值
- 信任不是永恒的

当然，背叛信任的人总是存在的。打破他人信任的人与世界隔绝，以自我陶醉的观点看待生活。他们更加短视并且很难意识到世界万物之间的联系。背叛别人的人把自己当成宇宙的中心，把别人当成只不过是帮助或阻碍自己实现目标的工具罢了。对他们来说，信任只是根据自己的利害关系随时可以被打破的约定，在某些情况下，只不过是诱饵或武器罢了。

——乔尔·彼得森和大卫·卡普兰《信任的十大法则：打造维系商业的纽带》

第六章　建立信任

探究如何建立信任之前，我们先从我经历的一件不愉快的事情开始。

每当我想到信任的时候，就会想起一个人。我在中国接手新事业时，他是暂时和我一起工作的销售部的员工，为了成功地领导新接手的陌生业务，我对这位员工下了很大的功夫。我努力与该员工建立深厚的个人关系，在职业方面也提供了新的机会，试图帮助他成长和发展。看上去他也对新事业的愿景和成长战略表现出了全力以赴的态度。但是有一天，他没有任何交代就出人意料地辞职消失了。过了一段时间后，有传闻证实他在竞争公司担任着销售部经理。当时我感受到的背叛感简直无法用任何语言来表达。我一直认为他是引领新事业的人才而倾力培养，然而最后我感觉自己付出的所有诚意像被人践踏了一样。他为什么要突然不辞而别？在很长的一段时间里我都无法摆脱这个疑问。

这段经历对我造成了极大的消极影响，让我很难再去相信别人。虽然也不能用"背叛"这个词来形容，但从此我在和员工工作的过程中产生了一种"他有可能随时都会辜负我的信赖"的不安感。同时通过这件事，我亲身体验到了当信任缺失时，人的情绪会受到什么样的影响以及人与人之间的关系会变得怎么样。又经过了一段时间后，我终于摆脱了消极情绪，有机会反思"我可能是单方面这么想的"。从他的立场而言，我甚至想到也许那个员工从一开始就没有信任过我。最重要的是，我是一个不了解他所属业务的领导者，也许他就没有信心认为我有能力在这个领域将事业引向成功,就是有可能他对我的能力没有信心。所以在这种情况下,他可能对于竞争对手提出的更好条件感兴趣,于是决定离开公司。通过这样的反思之后,我在心中便只留下了"如果他能坦白说出来该会有多好"的这种遗憾之情。

　　信任是所有关系的基础。先不说在人与人之间的关系上,甚至在购买小物品时,信任也会对我们的决策产生巨大的影响。当你要购买某个产品时,对该产品质量的信任或对生产该产品的公司的信任会影响你是否要购买该产品。更不必说在领导者和他所引领组织成员的关系上,信任的影响力该会有多大。就像客户仔细观察产品一样,组织成员从领导者的每一句话、每一个动作来评价领导的可信程度。而且,只有在从领导那里确认到信任时,他们才会真心接受并追随领导。如果领导无法表现出值得信赖的言语或行为,组织成员就不会信任他的领导,该领导的领导力就会成为一个无法发挥影响力的较差的领导力。没有信任的领导力,是无法发挥其影响力的。因此,领导力开发的下一个战略就是与组织成员建立信任。

　　明确了自己的愿景和价值观,也定义了自己的领导力,接下来要做的就是将关注点扩展到领导力的对象,即组织成员上。领导者需要扩展关注领域,理解组织和成员,并以这个作为基础来建立信任,这就是领导力开发的第四个策略。信任是任何关系发展成有效关系的基本要素。缺乏信任的关系将沦为一次性的交易关系,在一次性的关系中,我们无法期待当事人对于关系的"主人翁意识"。在领导力关系上也是如此,在后面的章节中会进行详细介绍。无论是多么正确的事情,如果不经过与成员们建立信任而强行进行领导工作,就无法期待成员们的主动参与和主人翁意识,战略失败的可能性就会变大。从这个意义上讲,领导力开发应该包括策略性地与组织成员建立信任的过程。

建立信任始于理解对方

为了在组织中树立领导力,领导者需要与成员建立稳固的信任关系。无论以何种形式,都不能在没有与成员保持信任关系的情况下持续发挥领导力。如果有一个领导者,虽然从表面上看好像没有建立信任就能够意外地在组织内巩固了其领导力,那么这个领导人肯定有我们看不到的东西。那就是他已经通过什么方式与成员建立了信任关系,并在信任的基础上巩固了他的领导力。例如以个人谦让和事业意志为代表的 5 级领导力就是这样的典型例证。

那么,如何能与成员形成稳固的信任关系呢?根据我的经验,为了建立信任关系,理解对方是先行条件。不去深入理解要构建信任的对象,就无法理解他们到底需要什么,建立信任的过程只会是做表面文章。让我们从认识和理解组织和成员开始,与他们建立信任。

为了建立信任,认识和理解对方可以从两个层面来考虑。一个层面是了解每一个组织成员,另外一个层面是将集体作为对象来理解组织的氛围和需求。之所以要这样分不同层次来理解领导力对象,是因为在组织上,成员个人的需求和组织的需求可能会存在差异。

理解组织中每个成员的过程应该与认知自我的过程一样。也就是说,要理解对方的愿景、价值观、性格以及优势和弱点。如果领导者能知道组织成员每个人都有着什么样的梦想和愿景,按照什么样的价值观生活,还有拥有什么样的才能和优势的话,就能够更有效地引导和支持他们的发展。虽然帮助员工个体发展是领导人最基本的义务，但从另一方面来讲，这也是让领导人和组织成员之间建立强烈信任关系的最有效途径。但是我们也需要知道，认识和理解组织当中的个体需要一定的技能和时间。我有一个做生意的朋友听取了我关于理解员工的建议并且实施了行动，后来他向我说明了困难，告诉我说，他的确尝试着去理解员工的愿景和价值观，但员工们的反应是感到莫名的惊讶。其实这种反馈并不奇怪，我也有过类似的经历，在对方还没有准备敞开心扉时就进行对话，出于要理解员工的欲望而强行接近员工，这就导致上述问题的发生。理解他人不是一蹴而就的事，是需要时间的，正确理解才是更重要的事情。因此，应该持续关注并尝试理解组织成员，而不是通过一次活动就结束。一个组织成员如果知道了他的领导真诚地要关心和理解他，帮助其发展，就一定不会拒绝。

建立信任也要读懂组织的氛围

领导者不仅要认识和理解每个组织成员，而且要理解集体的组织情绪。如果你有读出组织在情感上处于何种状态的能力的话，那对建立信任和有效发挥领导力会有很大的帮助。如果领导无法读出自己领导的组织的氛围或集体情绪，这说明领导和组织之间或者是与组织内的个体们之间缺乏链接与共情。另外，不能产生同理心意味着很难建立信任。如果在理解不了组织情绪、没有形成信任的情况下，领导强行推进业务战略的话，就无法期待组织成员的主动参与，无论领导追求的方向有多么的正确，都无法从他们那里获得支援和支持。我也有过这样的挫败经历。

在南京农标公司顺利完成结构调整，以新的商业模式稳定事业以后，我被调任到了嘉吉中国的另一家公司担任总经理的职务。了解到新接手公司的经营情况后，我发现该公司销售情况不佳，连续数月都在亏损。另外，因公司内部管理也没有正常运作，于是就暴露出了很多问题，部门之间蔓延着不信任的气氛。开始的时候，虽然我有如果做不好就会失败的危机感，但可能是因为我从南京公司业务转型成功经验中获得的自信，使我产生了想再次创造成功奇迹的欲望。但在制定各种战略试图使公司恢复正常业务的过程中，我遇到了意想不到的问题。尽管我非常努力地推动组织执行既定业务战略，但员工们还是以一种无动于衷的姿态一动不动。我感受到，无论我多么强调战略和实施，无论我怎么刺激他们，他们都不会积极采取行动，而且没有任何要改变的迹象。就这样过了几个月，我变得越来越焦虑，甚至尝到了挫折感。

随着时间的流逝，不知不觉就到了年末。我在复盘这一年的得与失的过程中，对这个问题进行了深思。然后我突然想到问题可能不在员工身上而是在我身上，我怀疑自己在这段时间里是不是做错了什么。我意识到，我认为问题出在别人身上而去批评那些无动于衷的员工，强求他们来理解我，顺从我，但我根本就没有努力去理解过他们。我误认为员工们也会理所当然地来支持和主动参与。对于我推进的战略和我对待他们的态度，我并没有考虑过太多他们的意见和感受。不顾组织的情绪、组织的能力等，只是抱着要早日扭转业务的欲望，强行制定目标和战略，并为实现这一目标而强制执行。很明显，这种单向的领导管理方式让员工感到担忧，降低了他们的热情自信和主动参与感，最终造成了组织大部分成员"坐以待毙"的状态。这就是领导者对于组织缺乏同感共情的行为而导致的。如果当时我是带着同感共情的同理心去采取行动，就应该能够从职员立场上理解到和感受到担忧、恐惧，并采取更加细致的双向领导管理行动。经过这样的思考后，我感到遗憾和后悔，甚至是感到了羞愧。

认识到这样的错误后，我要做的事情就变得非常明确了。新年第一天上班我就召集了部门负责人，并对过去几个月我采取的行动真心道歉。然后，我再次解释了我不得不那么做的原因，并真诚地寻求了他们的帮助与支持。我先真诚地道歉和敞开心扉，于是部门经理们也接二连三地谈起了自己的苦衷，不仅谈到了在这段时间他们感受到的困难和恐惧，也表达了他们虽理解我想前进的方向，但认为方法存在问题的意见。自从那天的会议后，我们大家进一步加强了沟通，建立了组织内人与人之间的信任。另外，我们一起修改和实施战略，虽然花了些时间，但最终还是成功扭转了业务局面。通过这段经历，我得到了很大的教训和启发，领导人应该理解组织成员每个人持有的想法，以及由这些人组成的集体会产生什么样的情绪。如果领导者理解不了这一点，就无法与他们建立信任，也无法获得他们的支持和支援。

对于组织的情感不敏感的领导人，很难获得组织信任，而无法获得信任的领导人，是无法有效领导组织的。领导人需能够细微地感受到组织成员们在想什么，他们是主动享受工作还是被动参与工作，对组织的未来是乐观的还是怀疑的，组织的能量等级是多少等，能够感受和读出组织情绪和情感的领导人可以与成员建立强烈的信任关系，从而获得组织成员的强烈信任，自然而然地激发成员的参与和主人翁意识。但如果做不到，领导人就会与组织游离，领导力就无法发挥其影响。

建立信任的技巧和工具

我通过个人工作经验和在嘉吉参加的培训项目学习到了一些关于在理解他人时可使用的技能。现将我学习到的内容总结如下：

发挥同理心

认识和理解对方要求的最重要能力是同理心。同理心（empathy）不同于同情心（sympathy）。与对处于痛苦状态的对象感到可怜的同情心不同，同理心是指从对方的观点和立场感受和认识某件事情或情况的能力。让我们以近几年在美国发生的非常严重的黑人问题为例。在电视上看到被警察殴打的乔治·弗洛伊德，我们会感到同情和怜悯，但不能说感受到同情和怜悯就一定会产生同理心。如果有了同理心，就能够从乔治·弗洛伊德本人的角度看待问题，这样就能从另一个角度来解释问题。问题不在于单纯的公共权力的暴行，而在于整个美国社会根深蒂固的错误系统。而且，对于该问题的解决方法也会从如何改善系统的角度进行寻找，这就是同情心和同理心的区别。

丹尼尔·戈尔曼在他的著作《情商4：决定你人生高度的领导情商》中将同理心更具体地定义为"通过别人的脸和声音读出那个人的感情，在交谈过程中把握对方感情的能力"。在与成员对话时，暂时先放下领导的地位，不要试图评价或判断，你要站在他们的立场上，先努力倾听他们的故事，只有当你能与对方产生同理心时，你才能更深入地理解对方。

建立私人关系

领导在"一对多"的关系中工作。即使如此，也要努力与成员建立"一对一"的个人关系。如果把组织看成一个集体，就看不到每个成员作为个体的人性，要想把组织每个成员看成是一个真实完整的人，就需要记住并叫出他们每一个人的姓名。这让我想起了嘉吉动物营养的总部老板在发表要尊重组织成员的演讲时介绍的故事，他向听众问道："在同一个围墙里工作，你还记得多少一起工作的员工名字？"同时他还说道："就算鸡窝里的鸡也能记住同一个笼子里的其他鸡的脸。"这个比喻让大家觉得有趣的同时也触发听众反思他们到底能够记得多少组织成员的名字。虽然不知道这个比喻是否有科学根据，但我只想起了在工厂工作的员工们的脸而不能完全记得他们的名字，这让我感到羞愧并反省了这样的自己只把工厂视为了生产产品的场所，对那些在工厂里从事生产工作的每一位员工没有给予太多的关注。出差回来后，为了不成为比鸡还差的人，我拿到工厂员工们的名单并努力记住他们的名字，这是一段让我感到很有意思的记忆，至今我还记忆犹新。与各成员建立个人关系后，就能发展人际关系，并在情绪上联系起来。在情感上能够相互连接时，成员们也不会单纯地把领导人视为管理者，而会将其视为人际关系中的一员，这样才能建立信任关系。

花费时间

领导者总是很繁忙，总是会赶时间。但为了建立个人关系，花费时间与个人的交流和相处是必不可少的。我认为，在没有时间投资的情况下，建立个人信任关系是不可能的事情。在繁忙的情况下，领导人为一个人抽出时间，这对其成员来说意义非凡，建议领导者试着和每个成员都有私人时间。

高质量地互动

如果好不容易安排了与成员的时间，就集中精力吧。不专注于对方，以应付的方式来交流的话，对方一定会感觉到的。如果身在当前而心在别处，反而会给对方带来伤害。英语中有"高质量时间"（Quality time）一词，这是表示忙于工作的上班族回到家作为父母时，需要花费100%的精力专注于孩子。也就是说，重要的不是和孩子们一起度过多少时间，而是如何度过时间。偶尔，当嘉吉的总公司管理层有机会来访问时，中国当地员工问的最多的问题之一就是"工作与生活的平衡"。因为海外出差等因素，工作那么繁忙的高层领导是如何和家人维持关系的？总公司领导们的答案一贯都是"高质量时间"。他们说，与家人共度时光时，无论发生什么，都会全神贯注于家人。

领导与成员有私人时间也是如此。如果不专注于对方，反而会适得其反。作为领导，你如果终于艰难地挤出时间与成员相处的话，那么就以尊重对方的态度来专注于对方。

建立对个人的关心

给对方小小的感动。不曾期待的小感动能够唤起他人的忠诚。我的美国上司每到他下属的生日，都会发一封简单的生日快乐邮件。虽然这只是一行写着生日快乐的祝福信息，但让人感觉到上级对自己的关注,心情就会变好。领导者应该通过用小小的感动提高组织的能量等级,使组织成员感受着领导的关注而成长。

应用信任公式

接下来我想介绍的工具是"信任公式"。建立信任并不能只靠了解对方就能够完成。因为领导人认识和理解组织和成员,并不意味着信任就会自动建立。为了建立信任,不仅需要有对成员的理解,还需要领导人有意图的、策略性的努力。信任公式在我本人与组织成员建立信任的过程中给了我很多启发和帮助。

信任本质上就是相信和依靠对方。这是一种心理状态,会有多种要素对其产生影响。对于同一对象,每个人都有自己不同的理由,有些人会选择去信任,有些人却会选择不信任。即使如此,也可以找到对形成信任具有决定性影响的要素,信任公式就是由以下四个普遍而共同的要素组成的。

- 真诚:是否言为心声?
- 能力:是否有能力做到?
- 可靠:是否始终如一?
- 以自我为中心:是否考虑他人利益?

1. 信任公式

构成信任的这四种要素会通过有机地相互作用,影响人与人之间的信任度。可以将其表达为以下公式,并称之为"信任公式"。

$$信任 = \frac{真诚 \times 能力 \times 可靠}{以自我为中心}$$

也就是说,信任是由那个人有多真诚、多么有能力、多么可靠等三个要素的乘积决定。重要的是，信任公式不是加法而是乘法。因为要素之间是相乘的关系，所以如果领导者缺乏真诚、能力和可靠性三要素中的任何一个，那么就不能够建立起相互信任；另外如果三个要素程度不足也会消极影响领导者建立信任。举个极端的例子，如果这些要素中的任何一个要素为零，那么信任度也将为零。而且，正如公式所示，信任根据那个人的自我定位或自私倾向来划分，无论一个人在真诚、能力、可靠性上得到多高的评价，因为如果他的自我定位倾向较强而自私的话，那么人们对他的信任度就会急剧衰减。

2. 真诚

信任模型的第一要素是真诚。真诚就是那个人说话是否言为心声。缺乏真诚的人说出的话令人难以置信，因为可能表里不一、言不由衷。组织的领导人是否真诚是建立信任最基本、决定性的要素。领导者的真诚，将对成员之间的信任产生积极影响，也会对领导力造成极大的影响。

真诚也是品性的问题。有正直品性的人是真诚的，如前所述，在受尊敬的领导人的特性中，人们最重视的就是正直。一个正直又具备端正品性的人可以通过真诚与他人建立信任关系，但具有不正直品质的领导人无法获得别人的信任。我们每天都能目睹到周围因不正直而失去他们积累的名声和信任，从而一夜之间就跌入低谷的有名人士。不正直的领导人得不到信任，终将堕落。

领导的真诚与否由言传身教的行为来判定。如果领导人遵守自己所说的话，就能保持其真诚，如果违背自己所说的话或承诺，就会失去其真诚，建立信任就会失败。我们相信领导人的行为，而不是领导人的嘴巴。因此，领导人必须谨慎讲话，一旦说出去就必须付诸行动。只有在言行一致时，才能获得组织成员的信任。嘉吉有这样的一句话——"Our word is our bond"，也就是"我们说的话就是我们的承诺"的意思。嘉吉的这句话不仅是对内部所有员工的要求，也是对外与客户交往需要遵守的原则。

真诚需要勇气，缺乏勇气的领导人害怕暴露真相。但是，即使隐瞒真相，也无法长期隐瞒下去，真相就是真相，终将以事实暴露在世人面前。真相一旦被隐藏，反而会成为更大的回旋镖，回到不真实的领导人身上对其领导力造成致命伤害。领导在引领组织时，放任或允许不正确的惯例，就是放弃真诚，放弃真诚相当于放弃建立信任。只有鼓起勇气捍卫真相的领导人才能赢得信任。

3. 能力

信任模型的另一个要素是能力。能力或力量是关于这个人"能否做到"的问题。如果你做到了自己宣称能做到的事情，你就能得到信任，如果你说你能做到，但没能得出任何成果，那你就无法获得信任。人们不会信任那些只会说话的人，虽然一两次是可以接受的，但如果反复发生以上的情况，就会被认为是开空头支票的人了。在公司经营也是如此。只有当你实现自己的承诺，并将其作为结果展现出来时才能获得相应的信任。对干劲十足但做出超出自己能力的承诺的员工，领导怎么也不敢相信。

领导也是如此。如果领导对员工做出这样那样的承诺而不能实现，那么领导人不仅无法获得组织的信任，而且也无法建立领导力。领导者切忌过高评价自己的能力。领导人不仅要客观地掌握自己和组织的能力，还要设定合理的目标，并制定战略来付诸实践。

对于能力，领导者常常会陷入两难境地。有时候有些员工虽然有很强的业务能力，但缺乏其他要素，这样的员工更容易犯一些原则性的错误，这时候领导者总是很难做出决定。在很多组织里，尽管某个成员有不足之处，但以其有能力为由决定继续保留的事例也比比皆是。在现实工作中，比起评价一个人的真诚，有很多领导人都是以能力来评价他人的。也就是说，能力对信任的影响是巨大的。

但如果领导人撇开真诚只注重能力，领导自己也依靠能力来建立信任的话，就无法从成员处获得完全的信任。这种信任关系可能随时破裂。

我也经历了不少这样的困境。在这种情况下，我很幸运地知道在嘉吉有着领导应该做出何种决定的明确方针。对于领导而言，需要的是能够按照该指南执行的勇气。

领导决定指南

	正确的行为	不正确行为
好的结果	表扬/认可；进行奖励	警告；如不改正就排除出去
坏的结果	指导和给予机会	立刻排除出去

4. 可靠

一个人的过去经历也会影响到信任。可靠是关于那个人"是否成功完成了过去被赋予的工作"的问题。如果他成功地完成了他过去承诺能做的事情，人们就倾向于相信他也能完成另一件事。但一个人如果没有做到这一点，就很难获得信任，人们也不敢让他承担具有挑战性的工作。领导者在运营组织时，会出现各种问题，他总会根据情况而思考谁才是解决这个问题的最佳人选。如果这个人在过去很出色地扮演了解决者的角色，那么领导便可能会对他产生一种"他也能很好地解决新问题"的确信，也就是说拥有了对他的信任。

信任的建立受到过去历史影响的这一事实，可能会让那些试图克服过去的失败、谋求新挑战的人感到挫败感。但这也表明了领导人为了保持信任，需要有更多的持续性和连贯性。为了维持领导力，必须持续和连贯地管理信任关系。

此外，领导人的过去经历会给人留下口碑。口碑是人们一贯性地持有的意见或信任,无论好坏,都代表着社会对他的信任。我们对领导人的评价并不是短期而成的,领导的经验和领导创造的结果积累起来之后,就会发展成口碑。

5. 以自我为中心

最后对建立信任起决定性影响的要素是自私倾向性。自私倾向性意味着那个人"自私还是无私"。对某个人的信任取决于对方是否以自我为中心。根据那个人的自私程度,由真诚、能力和可靠性三个要素形成的信任就会加强或减弱。无论你有多么真诚、多么有能力、有着多么可靠的履历,但如果是一个自私的人,就会让人们对你的信任度产生消极看法。特别是,如果具有自私倾向的领导人制定具有挑战性的目标,并为了实现该目标而驱使成员的话,其意图就不得不受到怀疑。谁会相信和追随在自私目的下发挥自己角色的领导人呢?放弃自私和自私倾向性并非易事,但作为领导者,如果想要发挥更好的领导力,就需要意识到自私倾向对领导人的信任会产生消极影响。如果你意识到了,你就会小心行事。

信任创造价值

信任不仅对领导力和人际关系具有意义，其本身也会为社会价值的增减作出贡献。信任的上升会增加价值，信任的减少会增加成本。柯维在他的著作《信任的速度：一个可以改变一切的力量》中指出，如果有信任就能以较少的成本迅速处理事情，但如果没有信任，成本就会上升，效率就会下降。他以"9·11"事件前后社会成本的变化为例，在"9·11"之前去美国旅行时，在机场安检所花的时间并不长，但在"9·11"之后，为了分辨疑似恐怖分子的旅客而加强了安检，需要更长的时间。这是失去信任而引起的变化，导致了社会成本的增加。任何"9·11"事件前后去过美国旅行的人都经历过这种变化，这就是随着社会信任的消失而发生的"昂贵的变化"。这不仅需要投入巨大费用为安全检查训练人员、购买设备，而且也需要让旅客承担机场运营系统效率降低的代价。

柯维认为，在商务世界上"战略 × 执行 = 结果"的传统公式不再有效，需添加信任变数来修改成以下公式。

$$(战略 \times 执行) \times 信任 = 结果$$

过去可以期待，只要制定战略后执行，就能取得预想的结果。但随着信任添加到公式中，原来的公式便不再有效，根据信任度的大小，结果无法不受到影响。因此，组织领导者为了创造预想的结果，不得不研究和改善提高与内外部利益相关者的信任度。

信任在组织中也会创造价值。如何在组织中创造信任，可以通过观察当组织缺乏信任时会导致什么样的结果来更清楚地进行理解。在成员互不信任的组织中，是不能期待合作的。如果缺乏信任，成员之间就不可能有合作。如果没有合作，当出现问题时人们便会互相推卸责任。不仅在部门间会泛滥利己主义，即使在同一部门内也会出现相互推卸责任的现象。在谁也不愿意承担责任的组织里是无法期待向共同目标奋斗的主人翁意识的。也就是说，回避责任会导致对共同目标的不关心，最终会对成果达成造成消极影响。

把这些过程整理为如下所示，缺乏信任会导致成员之间失去合作和逃避责任，且组织成员会对目标漠不关心，最终对组织成果造成消极影响。

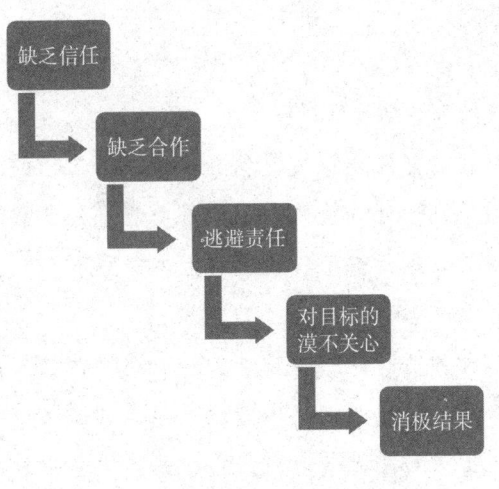

缺乏信任的影响

帕特里克·兰西奥尼也在他的著作《团队协作的五大障碍》中很好地说明了，当组织无法建立信任时会产生什么样的结果。兰西奥尼的观点是，团队失败是因为团队存在 5 种功能障碍。如组织缺乏信任的话，组员们就会回避有效的建设性的冲突，更无从谈起成员对组织目标的全情投入。因投入度不够并不能达成共识，则成员们就会逃避责任，并采取旁观者的态度，进而对组织创造的结果也会无动于衷，这就是兰西奥尼的解释。

但我想在兰西奥尼的主张中指出一点。他说如果成员们担心在组织内受到心理伤害，就无法建立信任，只有敞开心扉到可以互相谈论自己的失误或弱点的程度，才能建立信任。但我反而认为，只有先建立信任，成员们才能敞开心扉互相提供建设性的反馈。因为如果组织内没有信任，谁都不愿意承担敞开心扉并暴露自己错误或弱点的后果。为了成员们能够敞开心扉，承认自己的错误或弱点，并为改善这些缺点做出共同的努力，建立信任关系必须成为先行条件。建立信任是领导者为了打造有成员献身精神的健康组织，必须优先进行的事情。

团队的5种功能障碍：

第一种功能障碍：缺乏信任——缺乏信任的组织成员因为害怕受到同伴的攻击而不敢暴露自己的弱点。因不能真诚地向对方敞开心扉，谈论自己的失误和弱点，从而难以建立信任的基础。

第二种功能障碍：惧怕冲突——建立信任关系失败会引起对冲突的恐惧。这是因为没有信任的团队是无法毫无顾忌地提出反对意见并进行深入批判。这会导致团队成员在面对分歧时选择妥协而非坚持高质量的讨论，从而削弱团队的有效性。

第三种功能障碍：欠缺投入——缺乏健康的冲突会让人难以投入。这是因为如果团队成员在讨论中没有充分参与，不能在既开放又激烈的冲突中协调彼此的分歧的话，就很难真心接受和投入到已决定的事项上。

第四种功能障碍：逃避责任——不尽职尽责地向团队

的目标迈进的人，不仅不会对自己的结果负责，也不能向导致与团队的目标结果相违背的组员追究责任。

第五种功能障碍：无视结果——如不能互相追究责任，就会陷入第五个陷阱当中。当组员们把自己的履历或个人声誉等个人需求放到共同目标之上时，会产生对组织结果的不关心。

信任创造的价值不仅如此，信任在心理方面也创造价值。从确保信任的相关人员身上消除不必要的担心和忧愁，并以心理安全感填补空缺。就像在前面介绍的事例一样，当员工对我不信任时，他们会担心自己会有什么意想不到的不利要素，结果只能表现出无动于衷的行为。我就是因为没有和员工建立信任，才付出了巨大的代价。信任带来的心理安全感消除了人们对他人可能有其他意图的怀疑，建立透明的关系。以信任为基础的透明关系，无论是个人还是组织，都不允许有隐藏的伎俩，并通过成员们的自发主动参与，实现健康的组织运营。

正如前面所说的"不相信人的领导人会失败"，信任不仅有助于领导人的成功，对人才开发也有很大的帮助。前面介绍的年轻人才，曾经跟我分享过她对于信任的切身感受。

我在担任品质部经理不久后，由于在检查标签数字时的粗心，我的团队做了一个错误的标签并把产品发给了当时刚刚合作不久的山东大客户。客户收到错误标签的产品后发现了这个问题，向销售部部长投诉，这无疑激怒了销售部部长，他认为年轻人不能承担这么重要的角色。虽然公司后来给客户做了新产品并将有问题的产品从市场撤回，但这件事还是给客户和销售部部长留下了非常不好的印象。我当时的心情非常复杂，有对销售部部长再也不会信任我的能力的担忧，有对未能完成工作的自责，有对总经理和客户的愧疚之情，觉得自己辜负了他们的信任……于是，我在销售部月度会议上跟团队分享了问题发生的根本原因，以及我后续的改进行动。我分享结束后满眼愧疚地看向总经理时，他向我传来非常坚定和鼓励的眼神，并在会上公开说道："人都有可能会犯错，如何从错误中总结学习，以及作为一个团队，如何共同面对困难，互相帮助并解决问题，这才是最重要的，我相信你和销售部经理完全有能力合作并将这次危机转化为学习的机会。"事实证明，领导给予的充分信任，会最大限度增强我的责任感并调动我的主动性，也对我后来作为领导给予团队信任有着深远的影响。事实上我和销售部部长也在日后的工作中建立了深厚的友谊和稳定的信任关系。他也跟我分享过，这样的经历也帮助他学会信任、包容以及在危机中建立团队关系的能力。

我后来一直在想，如果在我犯下那次错误后，总经理收回了对我的信任，我一定也会怀疑自己的能力，认同"年轻人果然不能担此重任"并不敢挑战更重要的角色，也不敢在后续工作中给出信任，更不可能有今天的成长和职业成就。

我个人确信，信任和成员对组织的忠诚度是成正比的。信任可以激发成员对组织的主人翁意识，主人翁意识得到提高，忠诚度就会提高。因此，如果领导人想提高成员对组织的忠诚度，建立信任就是最有效的方法。

信任不是永恒的

就像前面讲到的那样,信任会产生各种积极的效果,但有着不易维持的奇妙特性。由于信任具有的固有特性,管理和维护已建立的信任关系并不容易。信任的固有特性是指"信任虽难得,但易失去"。通过付出长时间的努力而建立的信任关系因一句轻率的话或一个错误的行为瞬间就可能土崩瓦解,我想很多人都有过一两次这样的经历。而且,信任一旦崩塌是很难再次修复的,所以要加倍努力构建最初的信任。

以"银行账户"打个比方来解释这种信任的特性。我们每个人对家庭、朋友、公司同事等各自的社会关系都有像银行账户一样的"信任账户",在信任账户中,随着社会关系的发生,每时每刻都会发生存款和取款的动作。如果你得到了对方的信任,就如同在信任账户内存入相同程度的款项;如果失去信任,就会从账户中取款。存款多,信任余额就会变多,取款额比存款额更大,信任余额就会透支。问题是,信任存款是以很小的单位一点点存入,而信任取款则是以巨大的单位来进行的。所以无论是你多么努力长时间建立的信任关系,一旦失去信任,信任账户的余额就会大大减少。虽然建立信任也是必要的,但比这更重要的就是不要破坏信任。没有努力,信任就不会永恒持续。领导人要想开发具有影响力的领导力,不仅要与组织成员建立牢固的信任关系,还要明智地管理信任账户,以确保建立的信任关系能够保持健康和永续。

我有过在没有得到组织成员信任的情况下，强行执行使公司恢复正常化的战略而失败的经历。因急于让公司业务恢复正常而没有经过建立信任的过程就强行引领组织，反而比正常情况耗费了更多的时间和能量。如果先和员工建立信任关系后再解决问题的话，肯定会得到更快更好的结果。

信任就是相信，建立信任应该从让别人相信开始。问题是，信任不是一夜之间突然产生的，也没有任何标准化的方法来获得信任。无论怎么努力，只要对方不给予信任，那我们也没有什么办法，这让我们感到困扰。但回顾并思考我的经历，作为领导者，我之所以得到信任或是没有得到信任，肯定是有原因的，有因才会有果。关键在于，我是否展现出作为领导人的素质并证明自己的能力了呢？虽然领导想用华丽的故事赢得成员的心，但在展示结果之前，大家是不会直接给予信任的，他们会选择继续关注。只有通过结果来证明自己的能力，才能获得信任和领导力。与组织成员建立信任关系是在领导力的开发过程中，绝对不能跳过且须排在优先顺序上实施的基本策略。

第七章
树立共同的愿景

愿景领导力

为什么需要愿景

如何制定愿景

谁负责制定愿景

领导能力是将愿景转化为现实的能力。

——沃伦·本尼斯

第七章 树立共同的愿景

如果成功地与组织成员建立了信任，那么，现在是时候和他们一起设计未来和谋求组织的发展了。在领导人要做的各种工作中，最重要的是让组织和在组织中的成员成长。其实我个人认为比起让组织发展，组织中成员的成长才更重要，因为我相信，组员成长以后，组织的成长是水到渠成的。每个人必然会根据自己的能力创造出结果。因此，如果组织想取得更大的发展，只要努力开发组织成员的能力就可以了。当然，领导人也必须考虑组织的发展，因为没有组织的发展就不能为组织成员提供更好的成长和发展机会。

我任总经理后，每年都会给公司员工设定具有挑战性的目标，并鼓励他们成长。我也有过为什么要督促他们努力成长的疑问。有时还想到，是不是有些盲目？是不是被淹没在"为增长而增长"或"追求利润"的企业目的中了？但当被问到"成长的目的是什么"的问题时，我就意识到了我们追求的成长并不盲目。于是不难得出结论——为了让企业正确扮演社会赋予的角色，成长必须由领导人追求和负责。利润是企业经营活动的结果，决不能成为目的，利润增长不是成长的目的，也不能成为目的。反而应该把成长的目的放在组织成员个人的成长和发展上，而不是利润的增加上。

为了组织成员的发展，公司的发展是必需的。没有组织的成长，怎么能为职员提供新的成长机会？怎么创造出让更多人能够工作的机会？又怎么能开展有助于社会贡献的活动？为了让组织回答所有这些问题并忠实地履行社会赋予的角色，成长是必不可少的。我们知道成长也分为正确的成长和不正确的成长。我们需要实现什么样的成长？为了寻找正确成长的解决方案，并使领导力进一步发展，领导力开发的第五个策略是"创造可以与组织成员共享的未来愿景"。

愿景是什么？愿景是指组织希望长期取得成就的目的和目标。愿景指出组织应该长期前进的方向。但是，所有组织都有愿景吗？我认为并非如此。当然，很多组织可能有愿景声明书。但请认真思考一下，愿景声明书多大限度承载了组织的渴望，指出了组织发展明确的方向性，而且成员是否能够积极投入和献身于实现愿景，是否为了实现愿景而生活，在这样的情况下，领导人应该做些什么呢？

领导的工作是明确的，那就是把组织成员的渴望集中在一起，创造出共同的愿景，并与他们共同实现。

愿景领导力

传播希望和愿景是领导者的职责。传播希望和愿景的人就是领导人。不是身在领导职位的人就是领导人，而是讲述希望并将其升华为愿景的人是领导。以愿景引领组织的领导力是"愿景领导力"。

我定义的愿景领导力由三个维度组成。

- 面向未来的思维模式
- 积极的影响力
- 共同的价值观和愿景

第一个维度是"面向未来的思维模式"。领导人的目光要面向未来，领导者应该以面向未来的姿态领导组织。其实有责任感的人在登上领导岗位的瞬间，就会成为未来指向性的人。因为会自然而然地考虑要如何发展自己领导的组织，为包括组织成员在内的利益相关人作出贡献。但是，如果忙于现在的工作，你会在不知不觉中慢慢把目光和想法从未来转移到现在，最终会执着于短期业绩上且牺牲为未来的投资。这不应该是领导者的姿态。

不能面向未来的领导人急于维持现状，封闭思维，贬值革新并害怕改变。这样领导下去会阻碍组织的发展。即使实现了成长，也只能是巧合，这样的成长是不可持续的。

其实，面向未来并不仅仅意味着等待和适应。实际上，领导人需要开拓未来。开拓未来的领导人将梦想和希望转化为愿景。而且，为了实现这一点，领导人会将组织的能量凝聚在一起，这就是愿景领导力——面向未来的思维模式。

下一个维度是"积极的影响力"。作为领导本身就会有影响他人的力量。领导者应该认识到自己的影响力波及的范围。而且，要积极有效地利用影响力为组织提供积极的效果。领导对组织的影响力是非常强大的，甚至说组织的文化和氛围是由领导人决定的也不为过。

> 我在中国工作时，嘉吉动物营养将中国市场划分为几个部分，并分别任命总经理经营。区域总经理分季度轮流在各地区举行战略会议。通过访问各地区，感受较深的是，公司的氛围几乎完全取决于该地区总经理的性格和风格。如果该地区总经理的风格具有挑战性，公司员工也会显得富有挑战性和活力。与此相反，如果该地区的总经理是温柔风格的民主人士，那么该公司的氛围也是温柔和温和的。这种现象从某种意义上讲是理所当然的。据说，人的情感中枢具有开放环的特性，会受到别人感情的影响。更何况，如果那个人是领导人的话，其影响程度就会更大一些。

领导人就这样决定组织的氛围乃至文化。愿景领导人认识到自己的影响力且怀有责任感，积极的影响力就是积极利用自己的力量，创造出积极的结果。

愿景领导力的另一个维度是"共同的价值观和愿景"。共同的价值观和愿景是指，组织成员共同接受和共享的价值观和愿景。与个人情况一样，组织的价值观也以组织的原则发挥作用，并支撑着组织。愿景是组织要前进的方向，也是长期的目标。因此组织成员可以共享的价值观和愿景能够成为愿景领导力的重要一环。

"物以类聚，人以群分"，这是世界的规律。有同样想法的人必然会聚在一起。这便是愿景领导人发挥作用的根源所在。愿景领导人聚集具有类似想法的成员，树立可分享的价值观和愿景，并与组织一起为实现这一目标而奋斗。

为什么需要愿景

成长的人生需要目标。正如没有目标的人生没有活力且无法带来发展一样，没有愿景的组织不能期待其成长和发展，没有成长的组织不能尽到让成员共同发展的社会责任。如果组织没有发展，就不能帮助组织成员发展，也不能回馈员工、股东、客户和社会。所以，领导要使组织持续成长，引导组织有效地履行社会赋予的职责，必须要具备的就是确立组织愿景。

与组织成员共享的愿景，明确地向他们展示组织应该前进的方向和目的地。愿景可以让你知道组织应该去哪里，现在在哪里。不仅如此，愿景还可以通过远大的目标激励员工并赋予他们动机。另外，愿景赋予的远大目标可以帮助所有成员朝着一个方向前行，并集中精力实现这一目标。无论是什么样的组织，朝着一个方向前行都应该成为一项非常重要的纪律。朝着一个方向前行并不意味着排除成员的自由和创意，反而是指，那些自由而有创意的成员为了实现共同的目标而付出自己的热情和贡献。这是指成员们对共同的目标和战略达成共识并聚焦重点采取行动，从而使愿景的实现成为可能。

和上述举例的个人一样，在同一起点上，有愿景的组织和没有愿景的组织在外观上可能不会有太大差异，但随着时间的流逝，愿景会带来两个组织的明显差异。两个组织不仅会在成果上，而且会在成员的团队合作、投入度和对组织的献身和忠诚上出现巨大的差异。因为愿景可以提高成员们的团队合作、投入度和忠诚度。如果目标明确，人们就会为了实现这一目标而齐心协力，由团队合作能力强、投入度高的成员组成的组织，能够献身于目标，创造出超出个人能力的结果。但如果没有愿景，目标不明确的话，组织就会变得松懈，能量也会分散。人们应该认识到，是愿景带来了这样的差异。

如何制定愿景

如下图所示，愿景由组织的价值观、目的、使命、目标和战略五个要素组成。

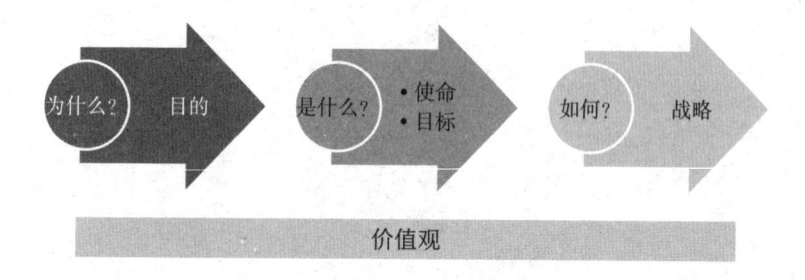

```
为什么？  目的        是什么？ •使命    如何？  战略
                            •目标
                    价值观
```

愿景以组织共享的价值观为基础。在价值观的基础上，树立组织要追求的崇高目的，确定组织为达到该目的应履行的使命。确定目的和使命之后，设定具体目标，制定战略并执行。"愿景模型"是开发和实践领导力的一个有效工具。

价值观

价值观是愿景的基础。我从吉姆·柯林斯和杰里·波勒斯的著作《基业长青》中得到了很多帮助，从而理解愿景的概念。根据他们所说，核心价值观是组织长期不变的信仰，是不会因外部要求而改写，也不会随着时间的流逝而改变的指导原则，是组织内成员的共识。

我在嘉吉的经历也支持这种定义。在 2001 年嘉吉并购农标国际公司时，第一次接触到当时嘉吉动物营养的价值观是：

- 正直诚信——做正确的事，无论其结果如何
- 尊重他人——以别人期望的方式去对待他
- 全心服务——做最有利于我们的客户、同事以及社区的事情
- 渴望成功——不满足于现状，不断追求卓越

伴随着商业环境和社会的不断发展，公司会据此更新自己的战略以及与之匹配的领导力文化。20多年后嘉吉在更新其领导力文化和价值观时，保留了其精髓，因为它包含了不会随着时间和情况而改变的基本道理。嘉吉更新后的价值观如下：

- 正确行事
- 以人为先
- 志存高远

我们可以看到，"正确行事"与"正直诚信""全心服务"是一致的，"以人为先"与"尊重他人"是一致的，"志存高远"与"渴望成功"是一致的。所以价值观的精髓并没有改变。

一旦确立了组织的价值观，领导人不仅要把价值观告知给组织的所有人员，还要成为价值观的守护者。我在嘉吉作为领导人工作时，也是致力于维护公司的价值观，按照价值观生活。我之所以能这样做，是因为我相信我的同事们也会按照价值观生活，价值观在嘉吉是绝对不能破坏的原则。如果我忽视了价值观的话，我们组织的成员也可能会轻视价值观。价值观在实践中有持久的生命力。

价值观的作用是什么？价值观为什么要成为愿景模型的基础？

这可以通过嘉吉动物营养总裁介绍的故事来解答。

> 一组造景建筑师研究了操场围墙对幼儿园孩子在物理和心理上的影响。通过观察在有围墙的操场和在没有围墙的操场活动的老师和孩子们，发现在两个群体中，孩子们在利用空间和相互沟通方面存在着明显的差异。在没有围墙的操场上，孩子们聚集在老师周围表现出不愿意离开老师的倾向，而在有围墙的操场上，孩子们则能更自由地利用整个操场玩耍。通过这项研究，他们得出结论，在有像操场的围墙一样有某种界限的环境中，人们反而会舒适地探索和利用空间。

总裁解释说，组织的价值观对组织成员发挥着像操场的围墙一样的作用。也就是说，在价值观这个组织的栅栏内，成员们可以安全、自由、有创意地进行活动。

价值观就像建筑物的基础，巨大的建筑物必须先做坚实的基础工程。树立远大的愿景需要以健全和明确的价值观作为基础，如果没有共享的价值观很难确保组织持续性地成长。

树立组织价值观越早越好，在组织创立阶段就应该明确。而且自始至终，价值观应该作为组织运营的行为准则。愿景是关于未来的，而价值观是贯穿组织发展始终的。目标和战略不能先于价值观，因为价值观是愿景的基础，不能跳过价值观这一基础而先确立企业愿景。

为什么——目的

西蒙·斯涅克在自己的著作《超级激励者》中说道：愿景是伴随着"为什么"开始的。所有伟大的领导人都以核心价值观为基础设定组织追求的目标，对"为什么"这个问题有着明确的答案。如果领导人确立了组织的核心价值观，那么是时候谈组织追求的事业意图了。"目的"是对该组织存在的根本原因的回答。

每个组织都应该对"为什么要存在"这个问题有着目的崇高的回答，人人都乐意参与实现崇高的目的。只有当组织追求崇高的目的时，才能期待成员们的主动参与和献身。

> 在并购农标国际公司时，嘉吉愿景中明确的事业意图是"在全球范围成为滋养人类的领导者"。作为被并购企业职员的我，曾经在一定程度上赞同社会上对嘉吉的偏见，认为嘉吉是支配我们餐桌的企业，但在成为嘉吉的职员，亲身经历公司运营方式和文化以后，我的想法逐渐改变。从公司 CEO 到在现场工作的员工，都为了实现公司"滋养人类"的崇高目的而努力，这些真实践行逐渐改变了我的偏见和成见。这就是我亲身经历的"目的"的力量。成员们乐于接受和追求的目的能够激励他们的心灵，并让他们参与和献身于愿景。

除了嘉吉，其他企业会以什么目的开展事业呢？让我们以已经成长为全球领先的信息与通信技术公司华为为例，再来感受崇高目的带给组织和成员的影响。华为的目的是：把数字世界带入每个人、每个家庭、每个组织，构建万物互联的智能世界。华为的创始人任正非创业初期，想招募技术天才郑宝用加入华为。但是，郑宝用当时正在清华读博士,怎么可能放弃学业加盟一个名不见经传的小公司?然而,当任正非跟郑宝用讲到,"中国通信设备市场被一些企业瓜分,且相互之间不能互联互通,这让所有的中国人都非常不方便。我想邀请你一起干一件大事,改变这样的格局并通过创造万物互联来让每一位中国人甚至全人类受益。"郑宝用听到这样的目的后热血沸腾,被深深打动。崇高的目的会让组织成员产生自豪感与意义感。按照心理学家的说法,生命有两大核心驱动力:追求幸福和寻求意义。追求幸福是很多生物共有的,而寻求意义是人类独有的。人类一旦把自己纳入一个更大的意义系统当中,就能获得真正的满足并为之奋斗。

在愿景模型中,目的的首要对象是组织的内部。因此,比起为了向外部展示而用华丽的辞藻来装饰,目的更需要包含内部成员的真诚性。也就是说,应该包含组织真正想要追求的崇高意愿。

什么——使命和目标

当你找到了有关"为什么"的答案,接下来要做的就是"什么"。使命应该回答为实现崇高目的要做什么。再以嘉吉为例。在2001年,当时嘉吉的使命是"为客户创造独特的价值"。明确了如果为客户创造不了独特的价值,就无法达到使人类变得富饶的目的。企业只有通过为客户提供与竞争对手不同的独特价值,才能在市场上获得竞争优势。创造独特价值不能通过传统方法,只有依靠革新性的、创造性的、可靠的方法才能实现。我相信,满足这些要求的嘉吉的企业文化是使该企业得以生存一百五十余年的基础。

在"什么"这个问题上,不仅要设定使命,还要设定具体的目标。目标需要大胆一些,要能让成员们心跳加快。但也不能是过于不现实的目标,应该是大家齐心协力就能够达到的现实目标,是需要带着时间表执行具体的战略，且一个一个能够实现的目标。另外，也要创造出实质性的成果。因此，目标应该考虑组织能力而设定。无法实现的、不现实的目标会让组织成员感觉是毫无意义和空虚的。如果肩负实现目标责任的成员们认为，设定的目标是无法实现的话，他们可能不会去关心它，且会提前放弃。另外，即使因外部环境变化而意外达成目标，也不能给成员带来真正的成就感。不要让愿景停留于梦想中，而是让现实而又大胆的目标成为现实。

在2001年，嘉吉动物营养有着所有员工都能记住的以下两个简单而直观的目标。

- 全员敬业
- 零安全事故

直至今日，嘉吉职员仍然为了实现以下5个目标而努力奋斗。

- 确保安全——我们每个人都能够平安地回到家人身边。
- 全员敬业——我们每个人都清楚自己的职责，并且相信自己的重要性。
- 关注客户——我们每个人都知道自己的行为如何为客户创造价值。
- 贡献社区——我们每个人都努力改善所在的社区，打造更美好的明天。
- 持续发展——我们每个人都致力于发展业务和发挥能力。

如何——战略

下一个是"如何"。具体是关于"如何实现制定的目标"的战略。战略是为了实现目标的方法论。战略应综合考虑组织的能力、竞争、市场情况而制定。这也是为了合理集中地分配组织资源的选择问题。如果是企业的话，应该选择在哪些领域为哪些客户提供哪些产品或服务。

因战略是一个庞大而专业的主题，所以暂且不在这里具体讨论。但我想强调的是，没有战略的愿景，一切就都是空想。当你确定了目的、使命和目标，就必须要制定具体的战略并付诸实施。

到目前为止，我们通过愿景模型了解到了如何制定组织愿景。在总结前面讨论内容的基础上，让我们以铭记约翰·科特教授在他的著作《领导变革》中强调的"有效愿景的特征"来收尾。

能够想象到的：让大家看到公司在未来成为什么样的图景。

值得做的：代表对公司有着利害关系的职员、客户、股东及其他人的长远利益。

切实可行的：是现实的、能够达成的目标。

聚焦的：明确对决策有清晰的指导作用。

灵活性：允许在条件变化的情况下，推行个性化的创新计划以及采取不同的应对措施。

易于沟通的：能在5分钟之内解释清楚才行。

谁负责制定愿景

在进行愿景工作时，经常会被问到"由谁制定共同的愿景呢？"这样的问题。有人主张说，毕竟这是共同的愿景，应该由成员们主导制定。但我的想法不同。我认为愿景工作应该由领导来主导，即使被称为是共同的愿景，也并不意味着将所有成员的意见简单地合并在一起。

愿景的主人是组织的领导者。不管怎样，愿景应该由引领该组织的领导来主导，并需在其中反映领导的哲学和理念。领导人应该让成员理解和传播自己的哲学和信念，并升华为组织成员所有人的愿景。愿景战略也需要由领导人主导实施、检查和推进。

但是，领导人不应该用独断、自以为是、自上而下的方式作出决定，应该充分听取组织成员的意见。只有充分反映他们的意愿和希望，才能使愿景成为所有人的愿景，而不仅仅是领导人的愿景。为此，最有效的方法是由组织各部门的成员代表组成的"愿景委员会"，推动组织愿景的确立。当然，领导人应该成为委员会的一员，指引组织应该前进的未来方向。这是为了充分向组织成员传达领导人追求的价值和目的，并得到愿景委员会成员的同意和支持。这样，当愿景明确后，委员会成员就能够主动传播愿景，成为愿景倡导者，更有效地向整个组织传播愿景。

在 2001 年嘉吉并购普瑞纳农标国际之后，我负责的子公司——南京农标普瑞纳于 2002 年在管理层的决定下进行了转型变革，在将公司主营的配合/浓缩饲料业务与其他子公司进行了合并和遣散大部分员工之后，南京农标普瑞纳公司几乎是从零起步开始发展预混料业务，这使得公司一下子从一个盈利的公司变成了一个严重亏损的公司，并且团队士气低迷，这种状况曾经持续了接近一年的时间。面对这种状况，我当时既感到了"压力山大"，同时更感到身上的责任重大！我当时经常陷入对于公司未来的思考：

面对严峻挑战，公司的员工们期待看到总经理身上有怎样的积极行为展现？

如果我们只做一件大事来扭转公司状况，那将是一件怎样的"大事"？

团队士气该如何提振？我们该创造怎样的业务方向和画面以让公司所有成员，特别是年轻人，对未来充满信心和期待……

带着对于这些问题的思考，我想到了我们应该尽快明确南京农标普瑞纳公司的业务发展愿景！于是，我们在 2003 年成立了由年轻的主管们组成的愿景委员会，将其作为一个渠道，不仅收集公司领导层的指导意见，还积极广泛征求群众的建议。愿景委员会经过近一年的信息收集、分析、讨论、提炼、推敲工作，在领导层的指导下，终于明确了公司定位高端客户细分市场的发展愿景——成为中国最大最好的预混料公司，并且同时在员工、客户、社区、发展 4 个方面明确了分愿景的具体描述。

在 2005 年 7 月份愿景委员会组织召开了一场文化战役活动，向全体员工发布了公司未来的发展愿景并向每位员工发放了一本愿景手册，同时从如何执行愿景的角度，组织员工分组讨论并汇总了愿景实践的初步行动计划。清晰的愿景极大地增强了团队士气和信心，工作效率也得到了进一步提升！事实也证明了，在 2005 年以后，南京农标普瑞纳公司的预混料业务进入了更加快速的发展轨道，为嘉吉中国预混料业务的发展打下了坚实的基础。

我每次新到一个企业任职也都通过这样的过程树立了愿景。为了听取和反映所有成员的意见，我们组成了愿景小组，让所有部门和不同级别的代表参加。在完成愿景后宣布时，没有职员把此事当成别人的故事。所有的愿景小组成员都有了参与和贡献愿景的主人翁意识。

共同的愿景不是通过宣布来完成的。宣布愿景只是个开始而已。在宣布愿景后，为了防止愿景沦为挂在墙上毫无意义的装饰品，需要领导永不放弃的意志和关注。有效的方法是，在宣布愿景后仍保留愿景小组。通过保留愿景小组，定期检查愿景战略的进展情况，就可以引导成员的持续关注，并得到他们的反馈来启动改进的流程。

你有过心潮澎湃并认定"这件事必须由我来做"的感受吗？这种感觉就叫使命感。有了这种使命感，能量就会迸发出来且变得富有创造性，身体里充满力量，无论投入多少也感觉不到疲惫，脑子里还会浮现出平时想不到的各种想法。这就是使命感的力量。

愿景应该能给成员以这样的感觉。每个成员都应带着使命感，心潮澎湃地为完成愿景而献身。如果愿景不能给成员带来任何感觉，那么它就失去了生命，对组织的成长和发展就起不到任何作用了。

关于组织愿景的制定，领导人的工作是非常明确的，那就是让最终确立的组织愿景使得成员们心潮澎湃。这是领导力开发的第五个策略，描绘共同愿景，并感召他人为共同的愿景而奋斗。

第八章 加强执行能力

决定执行能力的要素

执行能力强的领导行为

让执行成为组织的文化

当企业未能够创造出承诺的结果时，最常听到的解释是 CEO 的战略错误。但往往战略本身不是原因，战略没有执行到位才是真正的原因。因为应该发生的事情没有发生才会失败。

——拉里·博西迪，拉姆·查兰《执行》

第八章　加强执行能力

领导力开发是通过"执行"来完成的。没有实践，就不会产生任何作用。用头脑学习、用嘴说话的领导力是不会带来真正的变化的。只有付诸行动时，才能创造出想要的变化和结果。这就是为什么将加强执行能力作为领导力开发的第六个策略。通过加强执行能力，可以实践自己定义的领导力，也可通过领导力的实践，与成员们一起把愿景变成现实。

执行也是一种能力。之所以称执行为能力，是因为这一点的存在与否会关系成果的巨大差异。具备执行能力的个人或组织比不具备执行能力的个人或组织，能够创造出更好的成果。因为为了实现目标而制定的战略会通过执行来完成，并与结果挂钩。但若战略不能付诸行动，即使是再完美的战略也无法创造出任何成果。这就是为什么说执行是包括领导人在内的组织成员个人和组织必须具备的能力。

为了更好地阐述为什么把执行能力作为领导力的开发策略之一，需要更深入地思考执行的意义。什么是执行？执行并不意味着单纯的行动。我最喜欢的执行的定义是《执行》一书的作者拉里·博西迪和拉姆·查兰定义的"把事情完成"。这是以"完成应该要做的事情"来定义执行，如果没有把事情做完和做好，就不能说是执行了。

因此，执行能力应该根据是否实现了赋予的任务来评价。如果没有执行，则以这样那样的借口推迟工作，或者战略没有完全地落实到行动上，就会对最终结果产生消极影响。无论是个人还是组织，只有当计划要完成的事情完成时，才能得到想要和期待的结果。

> 像大多数的商业一样，饲料事业也是销售能力尤为重要。如公司的销售能力弱，用再好的设备、制造再好的产

品也无法增加销售量，公司只能亏损。这是当我负责公司中国南部地区市场时发生的事情。当时，公司虽然已经成立很长时间，但销售量并不高，导致公司长期未能摆脱亏损。负责销售部的部门负责人给出了销售量没有增加的各种理由：因为市场环境困难；因为公司产品价格高，很难销售；因为产品质量问题；因为销售人员能力差，等等。为了确认销售经理所说的理由，我亲自下市场去见销售我们饲料的代理商，听了他们的分析。根据现场掌握的情况，我了解到真正的问题并不是价格或质量的问题。最直接的原因是我们的销售人员一动不动。也就是说，每个月的销售会议上决定的优秀销售战略并没有在市场付诸实施，结果就是低迷的销售量。

当然，战略没能付诸实施可能有很多原因。当时我们公司的销售人员也有很多理由，但阻碍执行的直接原因或环境因素大多是能解决的，不容易解决的干扰因素来自自身。那么，如何才能加强自己的执行能力呢？通过了解构成执行能力的要素，可以找到解决问题的线索。

决定执行能力的要素

为了培养执行能力，必须理解哪些要素影响着执行能力，并努力具备这些要素。虽然影响执行能力的要素有很多，但我认为最重要的就是责任感、对优先顺序的认知和对结果的热情。

责任感对执行能力的影响是不言而喻的。强烈的责任感对结果有积极的影响，责任感弱就造成消极影响。责任心强的人，无论遇到什么情况都会坚持完成自己该做的事情。如果是有时间限制的事情，即使熬夜也会准时完成，如果是需要创造成果的事情，会不遗余力地调动创意性来完成工作。有责任感的人工作是有计划性的，也是战略性的，从刚开始着手时就已经考虑到工作的完成以及成果，并计划和实施。有责任心的人也看重自己的口碑，为了自己珍视的声誉和责任感，他们也会坚持实行。

与此相反，责任心差的人倾向于把工作放一边。他们以各种借口拖延工作。到了最后一刻，甚至还会以糊弄的方式草草了之。没有责任感的人不会追求完美。很难期待责任心差的人去主动执行。

领导人要客观评价自己的责任意识，如果认为自己责任意识较差，首先要去改善它，因为责任意识直接影响到执行能力，而执行能力会影响结果。

"对优先顺序的认知"也会影响到执行能力。拥有对优先顺序的认知是指在工作中能够明确区分重要的事情和紧迫的事情。要优先处理紧迫的事情，但也不会放过重要的事情，会持续地去关注和跟进。如果只追赶急事，就会犯下无法关注重要事情的错误。有时你会看到一个人在桌子上放着堆积如山的文件，或在邮箱里塞满了没有处理的邮件。他本人会说，所有的文件都是重要的文件，以后会处理的，或者工作量太大没有时间处理。在我看来，比起其他原因，因没能定好优先顺序而发生的可能性更大。常常因为处理紧急的事情，忽视了重要的事情，比如持续推迟重要业务活动。这种业务处理方式在短期内影响不大，但从长远来看，会降低个人的工作成果，进而阻碍组织的持续成长。

承担领导职责，工作量自然就会增加。要如何处理增加的工作量呢？除了遵循前面提到的"要事第一"的原则，还有一个办法就是果断地授权。在授权的初期，因要培训被授权人，所以比起亲自处理事情，可能会花费更多的时间和精力，但一旦授权成功，除了减少领导的工作量，更重要的是还能培养人才。领导人应该积极学会有效授权，将自己的时间用于创造更大价值的机会上。与此同时，也可以充分利用授权作为培养人才的方法。有效授权带来了人才培养和节省领导者时间的一举两得的效果。

有一些领导擅长做微观管理。即使是再小的决定也不能没有自己的参与，且误认为事事都要自己参与和干涉，才能顺利进行。有不少小型企业的经营者更容易表现出这样的倾向，他们的借口是他们公司员工都不具备做正确的业务决定的能力。但想想看，组织中没有具备这种能力的员工其实也是领导的责任。这说明领导忽视了人才的培养。为了培养有能力的员工，领导者还应该懂得如何合理授权。同时员工也需要负起责任，积累做决定的经验，才能更好地帮助其提高业务能力，成长为组织的人才。

"对结果的热情"也会对执行能力产生有意义的影响。不满足于实现目标，创造比目标更好结果的热情是自发的。热情会自发主动地提高执行能力。对结果有热情的人，即使面对困难，仍会尽自己所能去挑战。并且以永不放弃的坚决意志坚持到底。执行能力强的人是结果导向性的人。

这里我想分享一个案例。案例的主人公是嘉吉动物营养中国区猪料业务董事总经理，他连续多年带领团队取得卓越的业绩，在过去三年，其领导的团队业绩获得了三倍的增长且一直保持良好的增长势头。

在 2004 年 7 月，他担任南京公司销售部经理，带领 10 个刚刚毕业加入公司的大学生，成立了江苏安徽预混料销售团队，命名为"永创奇迹冠军队"。用了半年的时间，团队销量从 100 吨每月增长为 400 吨每月，然后到了 2005 年继而进一步增长到每月 800 吨。我记得他上任后不久，公司战略就做了一个很大的调整，要完成预混料业务从原来的品牌转换为一个全新的品牌。品牌转换对于商务团队来说是非常大的挑战，更何况对于一名新上任的销售部经理。品牌转换遇到很多的阻力和困难，客户对于旧品牌已经有了认可和忠诚度，不配合转换；销售团队面对转换品牌可能带来的各种不确定犹豫不决；甚至公司内部员工也有各种担忧和疑问。

他作为销售负责人的热情和行为，极大地影响和感染了周围的同事和客户。他首先和销售团队明确了目标——尽快完成品牌转换并帮助客户认可新品牌，帮助团队统一了方法和节奏，放弃了两个品牌缓慢过渡转换的策略，决定采取一步到位并快速切换的策略。工厂在一个月之内完成了形象翻新，销售部带领客户参观工厂并学习市场部的宣传资料，同时配合市场推广活动。他在平时工作时已经是一位充分授权的领导，但是在品牌转换期间，他每次都是第一个来到公司，部署安排相关工作，每天都会亲自拜访客户并沟通有关新品牌的规划和发展……

最终，从6月份开始筹备品牌转换工作，经过8月、9月、10月三个月的战役和集中工作，他带领团队不仅顺利完成了新旧品牌的转换，还快速帮助客户认可新的品牌，新的品牌形象在市场上的影响日益递增，其销量也从转换前的每月1000吨增长至超过每月2000吨，为后续品牌的稳健发展奠定了基础。

后来，我在观察该销售经理的成长历程后发现，他能够在激烈的商业竞争中立于不败之地，持续地带领团队驱动增长，这和他身上这股"对结果的热情"密不可分。无论在什么样的环境或者挑战下，他始终对想要的结果抱有热情，以激情高昂的力量影响和带动周围的人，带领团队攀登了一座又一座高峰。

执行能力强的领导行为

有责任感、对事件优先顺序条理清楚、对结果充满热情、具备强大执行能力的领导会是什么样子呢？是常常因为员工工作没做好而无情逼迫或者发火？还是有着出色的口才、充满活力、充满魅力的样子？或者是默默地执行自己工作的样子？拥有卓越执行能力的领导人不可能有着相同的表现。因为执行能力不会在表面展现出来。执行能力强的领导人反而会具备以实践为基础的内在坚韧特性。根据嘉吉的"领导力模型"，执行能力强的领导们表现出如下行为（嘉吉领导力模型由包括正直、诚实、信念、勇气的"领导力核心"和四种能力，即"学习能力""行动能力""执行能力"和"知识能力"。我原封不动地引用了其中的执行能力）。

- 敏锐的优先事项判断力
  能明智选择该采用哪种思路
  能明确需要什么，并判断事情的轻重缓急
  将目标变成结果
- 坚定的信念
  为实现目标不屈不挠地努力
  不过分承诺，以致无从兑现
  主动采取行动
- 追求高绩效与卓越

激励并促动他人做成更多其原认为不可能的事情
具有争取成功的强烈自我意识和意愿，同时保持谦逊的品格
尊重并认可他人及其贡献
建立敬业、充满激情的团队
- 发展他人
设置挑战性工作分配和机会
在决策过程中，准确把握并重视他人的能力、兴趣和目标
为他人提供指导，帮助他人发展
- 乐观
坚信能够实现挑战性的目标
在困难的情形和环境中也能积极乐观面对
- 令人信服的，可靠的沟通能力
认真倾听、尊重他人的想法，进行直接、清晰且具说服力的沟通
关注听众；观察并确认听众对沟通内容的理解
能站在他人的立场思考问题
- 极强的反弹能力
能迅速从变化、错误与失败中恢复
将重大变化或挫折转变成机会

综上所述，执行能力强的领导以正确的优先顺序有效地处理业务，通过高绩效团队创造出超过既定目标的成果。无论中途面临什么样的挑战和困难，都会积极乐观地应对并永不言弃。即使失败，也能快速恢复且通过失败学习和总结经验，并将此转化为新的机会，最重要的是尽全力培养他人，帮助别人成长。这就是执行能力强的领导者的特质。

让执行成为组织的文化

执行能力不仅仅是个人层面的问题，组织的执行能力也有着天壤之别。具有强大执行能力的组织可以不折不扣地执行战略，创造成功的结果。但是，执行能力差的组织即使拥有多么优秀的愿景和战略，也不会创造任何结果。

为什么执行能力不强的组织会失败呢？通常失败组织的领导人认知不到执行是组织的能力。用拉里·博西迪和拉姆·查兰的话来讲，就是没有认识到"在领导人想要实现的目标和能够实现它的组织能力之间存在鸿沟"的事实。这样的领导高估了自己引领组织的能力，并且会误以为优秀的战略会自动执行并创造结果，盲目催促组织成员，领导人要认识到制定目标和战略之前首先要培养组织的执行能力。

领导人为了培养组织的执行能力要做什么呢？直观的解决方案是让组织里的人员具有强大的执行能力。如果每个组织成员都有很强的执行能力，那么该组织的执行能力肯定会得到加强。领导者可以通过将执行能力强的人才安排在适当的位置，来加强组织的执行能力。领导为了加强组织的执行能力，与人相关的工作就是聘用执行能力强的人才并将其安排在适当的位置上。

有时，即使组织由具有强大执行能力的成员组成，组织的执行能力也会不足。出现这种情况，执行能力强的成员就会受挫，甚至选择离开组织。为什么会发生这样的情况呢？一般来说，如果组织中官僚主义泛滥，或者官僚的领导者坐在了决定性的位置上就可能会发生这种事情。官僚主义是执行的敌人。官僚主义泛滥的陈旧组织，无论成员们的执行能力有多强，都无法将其转化为组织的执行能力，反而会削弱每个人的执行能力。领导要打破组织官僚主义，打造敏捷的组织，并增强执行能力。

根据我的经验，启动"执行流程"也对增强组织的执行能力有很大的帮助。执行流程是为了增强组织的执行能力而创建的非常简单的业务流程，如下图所示。在目前的工作中，我尽可能地将工作进行项目化，一旦选定项目并确定目标，就启动了执行流程。执行流程是确定目标和制定战略后，定期通过会议检查战略的进展状态。也就是说，要确认执行是否到位，还是战略只是埋在某个地方上。通过执行流程，可以了解到正在领导项目的负责人的执行能力和战略的执行情况。此外，在执行过程中通过检查战略是否需要修改，从而获得反馈和调整的机会。

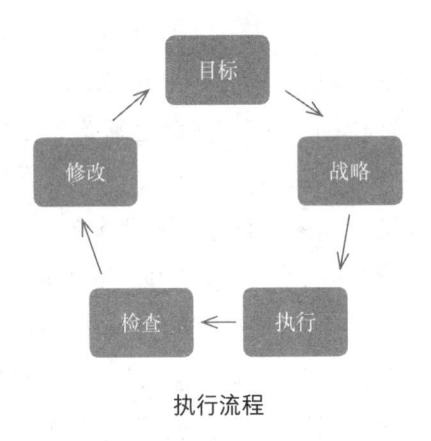

执行流程

为了加强组织的执行能力，明确目标和责任并制定基于结果的薪酬制度也非常重要。我们还以嘉吉为例。

安全是嘉吉最重要的目标之一。在绝对安全的座右铭之下，为了在嘉吉的全球工厂实现零死亡事故，所有组织的领导人都必须将安全相关目标列为年度经营目标之一。这是为了让领导对安全有切实的责任感。我在任职期间也发生过一次安全事故。一旦发生事故，组织的领导就必须根据嘉吉内部的安全流程进行事故的分析，制定预防措施。不仅如此，有关安全目标的结果对组织的年终奖金也有相当大的影响。将目标和奖金紧密联系在一起，创造了不能不付诸实施的环境。

由执行能力强的成员组成的组织，通过执行流程管理业务，将目标和奖励体系联系在一起的时候，执行才成为组织的文化。当执行成为文化时，领导希望的变化才会发生，才能够得到想要的结果。

执行是在开发领导力策略中最强有力的实践手段。正如不可行的战略不会与结果挂钩一样,任何领导力技巧也是只有自己亲身实践过,才能体会得到。先执行,虽然有可能失败,但是只有通过执行才有机会确认和改善领导能力,以不屈不挠的反弹力来面对失败,是强大执行能力的体现。执行,执行,再执行!让执行成为个人的习惯,进而成为组织的文化。

第九章 强化领导力并构建领导力品牌

接受反馈

构建自己独有的领导力品牌

有均衡性的领导力

君子戒慎乎其所不睹，恐惧乎其所不闻。莫见乎隐，莫显乎微，故君子慎其独也。（君子在无人看见的地方也要小心谨慎，在无人听得到的地方也要恐惧敬畏。从最隐蔽、最细微的言行上就能看出一个人的品质，所以，君子要学会慎独。）

——《中庸》第一章

第九章 强化领导力并构建领导力品牌

到目前为止,我们探索了"领导力开发"的前六个策略,我们想建议的领导力开发的最后一个策略是回顾和反省自己开发和实行的领导力,使其更加成熟和完善,且将自己的领导力打造成特有的品牌。

评估领导力意味着自己要回顾和反省自己的领导力。为了回顾和反省,要听取自己领导的团队、同伴或上司等周围人的反馈和建议。不管领导力评估的方法如何,目的只有一个,就是以谦虚的态度不断改善自己的领导力。通过回顾、反省、改善的过程,领导力肯定会得到发展,最终成长为自己固有的品牌。

强化是一个持续改善的过程。强化自己领导力的策略也是以持续改善领导力的目标和意志为前提的。我们希望读者们通过领导力开发的最后策略——强化过程,向更成熟的领导力发展。

接受反馈

领导者可以利用多种方法获得评估领导力的反馈。最简单和实用的方法就是直接向周围的人询问，问问自己的领导力如何，听取他们的想法和意见。只要营造了大家可以坦率反馈的环境，我认为这就是最有效的方法。周围的人能够近距离体验和观察领导人，也能够了解领导者身处的环境，从他们那里得到及时且直接反馈的话，这就是最实用的方法。也有通过这些过程建立更加紧密关系的附带效应。但是为了从团队成员们那里得到直接的反馈，领导者和团队成员之间必须建立起切实的信任关系，这样组织成员才能毫无顾忌地给出坦率的反馈。当然领导者的回应也非常重要。即使是消极反馈，领导人也应该以虚心的、开放的心态来接受。如果团队成员对提供坦率的反馈感到了一丁点不安全，那么这个方法就会一次性地结束。

如果团队规模较大，为了从更多人那里得到反馈，且在成本方面也不成问题的话，借助专业机构的帮助也是一个很好的方法。很多专门从事领导力开发的机构都提供着专业服务，他们的优点是，以科学方法和利用丰富数据为依据提供分析结果，可以获得很多关于自己领导力现状和改善机会的有益信息。例如，我在嘉吉任职时，曾接受过合益咨询提供的"情绪量能清单评估"，这是一种以领导的情商为重点的调查。在反馈报告上包含了从不同角度评价和分析了我的领导力和情商的数据。让我客观认识到我的量能和基准相比处于什么样的水平，是非常有益的信息。

不是所有的公司都有条件接受专门机构的服务，如果难以获得专业机构的帮助，可以使用嘉吉动物营养使用的"领导力品牌调查"方法。这是一个简单而有效的方法。领导力品牌调查采用表格的形式，过程如下：

1. 请选择为自己的领导力提供坦率反馈的人，并提供给人事部或协助收集信息的第三方。为了得到全面反馈，人越多越好。

2. 人事部用表格等简单的模板，让被选定的反馈者填写当想起某位领导时，10个能够描述该领导的词。另外，还要求反馈者把这些词标记出哪些是做得好的（对给予反馈者肯定的影响）哪些需要改善的点（否定的影响）。

3. 人事部收集所有反馈后进行分类整理，汇总后分享给领导。当然会保证匿名性。

领导力品牌调查

_____ 先生／女士的领导力

请在下面的表格中列出10个描述领导者_____领导力的词语。请兼顾正向和负向。（如独立、谋略、直接、体贴、严厉等）

序号	领导力品牌词汇	对你的影响	
		正向（×标记）	负向（×标记）
1			
2			
3			
4			
5			

（续表）

6			
7			
8			
9			
10			

该方法很简单，但可以帮助你了解团队成员是如何认知你的领导力的。尤其"在想起他/她的时候，你会想到什么词？"这个问题是一个非常有意义的问题，会让你了解到自己的领导力是如何映射到团队的。回答这个问题，不仅可以诠释自己的领导力，还可以解释接下来要介绍的"领导力品牌"。

	领导力品牌		
	组织 A	组织 B	组织 C
正向的	正直诚信	正直	睿智
	睿智好学	坦诚	责任感
	坚持原则	公正	事业心
	执行力强	尊重他人	培养他人
	远见	责任感	正直
	组织管理	激情/信念	公正
	培养人才	思维敏捷	平易近人
	易接近	果断	民主
	乐于助人	严格	团队协作
	严谨	细致	果断
	挑战进取	自信	
负向的	管理偏细	过于严格	急于求成
	欠方式	太直接	不够果断
	严厉	过自信	吹毛求疵
			口不择言
			轻信

如果通过多种方法得到了对自己领导力的反馈，那么接下来要做的就是以"客观、开放的心态"分析反馈，反省自己，确定需要改善的事项。利用我的实际案例，我们更详细地探讨这个问题。比如，上面的表格是综合了我领导的三个团队成员对我的领导力反馈调查的结果。将成员的回答分为积极反馈和消极反馈，按照共同回答的多少来进行排序。以此分析我的领导力特性如下：

我能坚守嘉吉的价值观。（正直、尊重）

我以公正和原则为中心经营的思想得到了很好的传达。但有些过度，很严格，缺乏必要的灵活性。（原则中心、公正、严格）

基于盖洛普调查确认出的我的优点发挥了其效果。（责任感）

为了实现帮助他人成功的领导力定义，需要更加努力。（关于人才培养的回答并不多）

对于"过分细心"的消极反馈，当时有特别的原因。为了让执行成为一种纪律，我注重对执行过程和结果的确认。

除了通过领导力反馈调查确认出我的领导力是如何传达给团队的以外，我还发现了一个非常重要的事实，那就是：对我领导力的评价并没因时间和组织的不同而有太大的不同，反而具有连贯性。其实我在团队B准备反馈调查的时候，曾预计到团队B会给出与团队A非常不同的反馈，且大多数会是消极的反馈。正如前面介绍的，是因为我在团队B中为了扭转陷入赤字的业务，在没有与成员建立信任的情况时仓促无理地领导组织，遇到过很大的困难。然而，和我预想的不同，就连因为我的仓促而承受了很多压力的团队B的成员也非常客观冷静地评价了我的领导能力。

评估领导力的效益

领导力评估就像是指引道路的导航。通过客观的评估可以确认领导力开发的过程是走在正确的轨道上还是偏离了路径。如果你收到了自己预想和期待的反馈，那你就是走在正确的道路上。但如果消极反馈占据主导地位，那么道路应该是出现了偏差。当你收到消极反馈时，首先要回顾自己，当确认到其原因在于自己时，就应该回到之前的领导力开发过程，重新开始。

另外，领导力评估也有助于组织的成员。因为在评估的过程中，会给他们客观思考自己领导人的机会。事实上，找到一些描述性词语来定义领导者的特征并不是一件容易的事情。如果不深思熟虑，就找不到恰当的词来形容领导的领导力。因此，团队成员可以通过深思熟虑对领导有更清楚的认识和理解。对领导了解越多，他们就会越信任领导。

构建自己独有的领导力品牌

领导者学习各种领导力开发策略,并将其应用到实践的过程中,就能够自然而然地形成自己的领导力风格。当然,领导者自己可能意识不到自己有什么样的领导风格。但是,组织的成员通过直接体验领导的行事风格能够认识到这一点,而且,其结果会在反馈过程中反映出来。我们的领导力开发战略之一是"定义自己的领导力"。通过反馈可以确认自己定义的领导力是否有效传达给了组织成员。为了将自己的领导力更上一层楼,将其培养成一个品牌,首先应该了解组织成员是如何看待我以及我的领导力的。现在是时候把自己的领导力定义转换为品牌了。

什么是"领导力品牌"?简单来说,品牌就是别人对你的评价。但"领导力品牌"并不仅仅是对一个人的人品和品性的评价。在对品行的评价的基础上,作为领导者具有怎样的能力,即作为领导者领导组织发展的能力等"全面的评价",应该被称为领导力品牌。仅凭"我们的领导很善良"或者"我们的领导很正直"等评价是不够的。领导力品牌,是指作为领导者,应该展现出的特性以及领导能力,例如"前瞻领导力""管理领导力"或"改革领导力"等领导力品牌。这些词语应该直观地展现出领导者具有的领导力特性和优势。

领导力的定义和来自成员的反馈是构建领导力品牌的工具。领导力开发旅程的成果是与众不同的,属于自己的领导力品牌。品牌源于古欧洲家畜的主人为了识别自己的家畜而打下的烙印。组织的成员也做同样的事情，就是给自己的领导打下品牌。这里有个重点：成员们赋予的品牌是他们给领导一直以来执行的领导行为起的名字。从领导力开发的角度来说这是很有意义的，因为这可以判断成员们赋予的品牌和自己追求的领导力有多一致。如果他们赋予的品牌与自己的领导力定义相一致，则可以评价为这段领导力开发旅程算是成功的。但是，如果自己的领导力定义和成员们赋予的品牌之间存在悬殊的差距，那么在领导力旅程中就有什么脱轨背离了，则需要回顾至今的旅程，如果走错了路，就应该回头走向正路。

错误的品牌要被更换，但更换品牌却并非易事。为了让自己的领导力成为成功的品牌，必须果断地发挥用新品牌替换错误品牌的决断力。背着错误的品牌继续前行是不可行的。要使用成员认可的新品牌把自己武装起来，持续领导力开发的旅程。如何构建新品牌？首先要回到自己定义的领导力。也就是说，要确认领导力定义是否准确地包含了自己追求的领导力目的。如果没有包含自己追求的东西，问题就比较简单，重新思考自己的领导力定义，把自己真正追求的目的包含在领导力定义中就可以了。但如果要追求的目的已经正确地包含在了领导力定义中，这将成为另一个层面的问题。是因为在行使领导力的过程中，自己定义的目的没有正确地传达给团队成员。原因是多种多样的，可能是领导力技巧问题，也可能是沟通方式的问题。应该了解是什么原因导致传递出现错误后进行解决处理。我有一个有趣的经历。

不知道大家是否认同，韩国人的性格基本上都很急，与此相反，很多中国人更喜欢悠闲和内敛的方式。我在被派往中国之前，在韩国学习了基础汉语，并且在派遣初期，为了掌握汉语，我没有让翻译人员跟随我。但担任总经理之后，为了更准确地传达我的想法或指南，我还是选择通过翻译来进行沟通。在没有翻译的情况下进行沟通时没有发生的问题，反而在通过翻译用韩语进行沟通时出现了。不是别的，是韩国人急躁的性格原封不动地表现了出来。我用中文结结巴巴地说的时候，为了找到合适的单词，就算心情再急切，我也没有生气的空余时间，但用韩语沟通时，脑子里的控制装置就停止了运转。如果事情进展得不顺利，或者提出无理的要求时，通过翻译提高嗓门，发火的情况就变得越来越频繁。也许中国同事们会觉得我整个人都变了一样。随着发火变多，我后悔的日子也多了起来。我意识到这样下去肯定不行，便决定不用翻译，直接进行沟通。当我再次用不流利的汉语说话时，随着语速的变慢，我开始斟酌想要讲的话，情绪也因此变得更稳定，生气的次数也变少了。如果我继续用韩语来沟通的话，我的领导力定义能正确传达吗？也许我的领导力品牌会被定义成性格急躁易怒、情商低的领导力。

为了达到自己追求的领导力目的，首先要建立与自己领导力定义相一致的强大领导力品牌。当自己的领导力定义和品牌相一致时，会被组织的成员视为真诚的领导人。

有均衡性的领导力

在结束对领导力开发策略的讨论之前，我们还想提出领导力先驱约翰·麦克斯维尔强调的"均衡的领导能力"。他指出，如果想要成为受组织成员尊敬的优秀领导人，发挥"均衡的领导力"至关重要。均衡的领导力是指对于领导力的雄心、能力和正直（不局限于不说谎，也包含着端正诚实的综合含义）三位一体。这三个要素中只要缺乏一个，领导力就会丧失平衡。

若缺乏正直仅剩下雄心和能力的话，对领导而言，成功的含义超越不了个人的成功。就是说，领导的雄心无法升华为整个组织的愿景，而仅仅会停留在提高领导人自身的荣华富贵的水平上。对这样的领导，人们无法期待正确的领导力。

缺乏能力仅剩下正直和雄心的领导力创造不出任何成果。这种领导不能将愿景或为组织成长的意愿转换为战略和行动。结果就是虽然梦想远大却没有成果的无用空虚领导力。只会空口说大话的领导人就属于该范围。

对于领导而言雄心非常重要。没有雄心的领导力，是一种满足于现在并安居于现状的领导力。对没有雄心的领导无法期待组织的成长，没有组织的成长就意味着不能为组员提供更多发展的机会。得不到成长机会的人才终将会离开寻找其他机会。显然可以预料到组织的未来会如何。

把领导力要素的不完全结合会引发的结果整理下来，如下所示。

第九章 强化领导力并构建领导力品牌

- 雄心 × 能力 = 领导者的个人成功
- 能力 × 正直 = 安于现状
- 正直 × 雄心 = 没有成果的空想

领导力对组织的成果和对组员的影响是巨大的。当领导力失去平衡偏向于某一点的话，不仅会对组织的健康发展不利，而且会给个人的成长带来不良影响。如图所示，兼备雄心、能力还有正直三个要素的领导人才能够超越自我，才能开拓组织的未来并实现愿景。

平衡的领导力

"切磋琢磨"，出自《诗经》"有匪君子，如切如磋，如琢如磨"，意味着一种像打磨玉石一样，不断打磨学问和人格的态度。领导力的发展也需要切磋琢磨精神。需要持续反省自己，改善自己的领导力。

领导力发展的最终战略是以领导力品牌强化领导力。品牌建设从自我反省开始。一天5分钟也好，我建议把"花时间回顾领导力"养成习惯。利用睡前短暂的时间回顾一天。如果有做得好的事情，就会感到欣慰；如果有做错的事情，思考原因是什么。反省这个行为本身不是目的，是为了避免毫无意义地度过每一天。在管理岗位，每天都会发生很多事情，做出错误决定的情况也有很多。花一点时间来反省自身，可以防止重复犯同样的错误。自我反省，可以改善领导力。

要学会谦虚。往往会听到周围人说有些人"升职后人都变了"，这肯定不是什么褒奖的话，要警惕起来，不要让自己成为扭曲的英雄。通常人们成功就容易骄傲，骄傲会带来安逸，安逸就会导致失败。为了不致陷入骄傲自满的泥潭，要常常反省自己，成熟的领导力需要倾听别人的声音和反省自己。

第十章

成为能够引领时代的领袖

人工智能新浪潮变化的波及影响

人工智能时代的领导力

与时俱进的领导力开发

> 我鼓励你想得更深远，做得更远大，成为更伟大的人。我鼓励你更有创造性地思考。我鼓励你去领导和激励他人。我鼓励你去塑造你独特的人格。我鼓励你更多地分享。我向你保证，如果你这样做了，你的人生将更加丰富多彩！
>
> ——威廉·丹佛斯

到目前为止，我们以"如何开发领导力"为主题，对领导力开发战略进行了探索。现在让我们把视角转向未来，以"人工智能时代需要什么样的领导力"为主题拓宽思路。

现在人类正进入革命性大变革时代的初期。我们要关注的巨变不是别的，而是以人工智能为代表的技术创新主导的新巨变趋势。人类历史上从未经历过的规模和深度的变革其实已经开始了。过去停留在想象中的世界正在向我们逼近，并成为现实。虚拟现实、元宇宙、飞天汽车、人工肉、利用人工智能开发新药、克隆动物等被认为在科幻小说中才有可能发生的事情实际上都正在我们身边发生。人们无法预知将来科学技术会发展到什么程度，同时人们也会担心科学技术的发展会给人类生活带来一系列的问题和挑战。

可以预见，新的巨变趋势将从根本上改变人类的生活方式和工作方式。

首先想想我们日常生活的方式会发生怎样的变化。以人工智能为首的新技术很可能在所有领域迅速取代人类。随着时间的推移，我们将越来越依赖在各方面变得更加智能和聪明的机器。最近甚至出现了可以和通话的对方进行实时翻译的移动手机。其实不仅仅是日常生活，在诗歌、小说、音乐和美术等文学和艺术创作领域，人工智能甚至会创造出比人类更优秀的作品。

工作方式也已经有了很大的变化，这种变化的趋势还将更快更广泛地进行。不管体力劳动和脑力劳动，很明显人们不再需要做那些简单重复性的工作。即使是复杂的或者需要提供解决方案的工作，人们也不再需要像过去那样投入大量的时间和精力。而且人工智能提出的解决方案比人类能想到的更加优越、完整，更具生产性，而且是瞬间完成的。

　　让我们思考一下这样的变化最终会给我们带来怎样的影响和挑战，领导者应该以怎样的姿态面对并领导组织。

人工智能新浪潮变化的波及影响

新技术将使我们自由

新技术将代替人类的劳动，使人类摆脱日常的劳动，获得更多的自由时间。对于具有利用时间能力的人来说，这是莫大的幸福。但对于没有掌握有效利用时间方法的人来说，这将是很大的挑战。他们不知道如何利用剩余的时间，被剩余时间压倒，陷入消费和破坏性的生活中，或者度过漫长而无聊的一天。

人类应该学习利用时间的方法和技术

每个人都应该开发自己有效时间的策略，如果不能开发生产性、主导性的有效时间策略，不能好好利用时间，就无法实现人生的意义和价值。当然，人类也会开发利用人工智能利用时间的方法，但是人工智能开发的消费形态的利用时间会让我们的精神荒废。我们应该提前学习和准备健康而又有生产性的有效时间策略。

可能会使我们的智力失衡

就像现在我们简单的算术也依赖计算器一样，就像在手机出现之前背了几十个电话号码的我们现在依靠手机的电话簿一样，我们处理简单事情的能力将会退化。久而久之，我们的思考能力也可能会退化。我们应该有意识地努力增强思维能力，而不是任其退化。

工作效率将会大大提高

工厂里的机器人和自动化设备将提高生产力，办公室里的人工智能将使工作效率飞跃提升。生产力的提高和效率的改善意味着工作所需人数的减少。最近有报道称，所谓的大科技企业正在大规模裁员，这一趋势显然还会加速。最近，韩国银行在题为《AI和劳动力市场变化》的报告中分析说，在韩国，很有可能被人工智能替代的工作岗位约达341万个。这相当于全部工作岗位的12%。（引用自2024年1月18日《移动韩经》）。商业领导人将必须面对和少数人一起工作这一新的挑战。

人工智能带来不确定性

人工智能的发展带来的巨变会增加事业上的不确定性。

我们生活的这个时代正在从易变、不确定、复杂、模糊的环境转变为脆弱、焦虑、非线性、难以理解的环境。原先的世界已经变得难以管控，但还是可以系统化地治理的，而现在的世界按照现有方式发展可能会不可控。这些难以掌控的模糊环境和人工智能时代带来的不确定性交织在一起，相互影响，是领导人需要面对的更大挑战。

没有人的工厂、用人工智能武装的业务环境、不确定性包围的商业现场……领导者需要新颖或特殊风格的领导力吗？归根到底，还是前面定义的"通过理念和行动的变化，引领组织走向更好未来的能力"，领导能力的本质和目的都不会改变。但是，领导人的工作重点应该有所改变。

人工智能时代的领导力

以开放的姿态拥抱人工智能时代

新的大趋势掀起的变化浪潮令人恐惧。但是恐惧和担心并不能阻止变化趋势。在产业革命时代，以破坏机器来对抗提高生产力的卢德运动并不能成为解决方法。新时代的领导人反而应该以开放的姿态积极包容这种急剧的变化和不确定性。因为带来大变革的技术是破坏性革新。破坏性革新迫使领导人做出选择，如果不以开放的姿态接受新的技术变革，就会遭到破坏。想想吧，那些因不能以开放的姿态应对技术革新和由此带来的事业环境和顾客需求的变化而灭亡的无数企业，以及因没能适当应对智能手机的出现而被淘汰的诺基亚、黑莓、LG 等企业的结局。

更要专注于人

如前所述，在人工智能时代，工作岗位上的人数将急剧减少。人的数量减少了，人与人之间的关系也就减少了，人发挥感性的机会和需要也减少了。这种环境和以往大不一样了，这对领导人来说无疑是很大的挑战。

最重要的变化和挑战是，随着人工智能代替人类，人性在工作岗位上的体现正在逐渐减少。这反过来意味着，在新时代人性和人际关系将变得更加重要。在充满机器和人工智能的环境下工作，就会失去人性，从而变得机械化。领导者应该预先防止这种危险性，给充满机器和人工智能的工作岗位注入人性，避免组织成员变得机械化，要以人性经营。

此外，少数人工作意味着每个组织成员对工作的影响更大。也就是说，企业中每个成员的作用和贡献将变得更加重要。所以领导者应该用正确的领导力，构建合适的组织文化，更加关心组织成员个人的成长和发展。

让年轻一代实现自我

最近，我读了"MZ 一代"领导人写的关于 MZ 一代期待的领导力的文章。MZ 一代主张，与现有一代相比，比起组织的成长，他们更关心个人的成长。无论哪一代人，谁都关心自己的成长，最近的年轻一代尤其如此。见不到成长的机会，就认为大胆跳槽是理所当然的，每隔一年就想跳槽。对于在一家公司工作 30 年的我来说，这是难以理解的时代变化，但不能说他们的行为是错误的。

对于这样的一代来说，为了组织的发展要求牺牲的权威性领导力是行不通的。相反，只有关心他们的成长和发展并给予帮助的领导人才能成功领导组织。新时代的领导人应该以开放的姿态接受这种思考方式的变化，在组织的成长和组织成员个人的发展上保持均衡。

在人工智能时代起到中枢作用的一代是年轻一代。那么，领导人应该如何履行自己的职责呢？在技术上引领年轻一代无论如何都有困难。与其成为技术专家，还不如发挥赋予他们自律性，鼓励他们自己做好领导。就像前面引用的老子的话一样，年轻的组织成员应该创造出成果，创造出可以自豪地说"自己做到的"组织文化。

让他们自己去做！

在人工智能时代，传统有效的领导力将不再发挥作用。领导者尊重组织成员个体，认可个人的能力，赋予个体自主性将变得更为重要。比起看一棵树，领导者更应该以看树林的姿态确立长期方向，发挥战略洞察力，引导组织朝着正确的方向前进。领导者把握大局、根据经验提供洞察力的领导力，可以打造不被人工智能时代的巨变趋势淘汰并持续成长的组织。

与时俱进的领导力开发

在我们生活的这个多变的时代，开发领导力已经超越了单纯培养个人能力的层面。开发领导力，不仅可以帮助个人找到人生的意义，更是可以对我们的组织、社会以及这个时代作出贡献。前面我们提到，人工智能时代的确为领导者的领导力开发带来了挑战，但同时各种新兴事物的出现和信息的互享，也为领导力开发和领导力品牌的打造孕育了新的机会。从没有一个时代可以像今天这样，提供给领导者如此之多、如此之便捷工具的契机，让每一个人都获得成为引领时代的领袖的机会。无论组织形态、工作模式以及外在环境如何变化，领导人通过培养人才促进组织成长和社会进步发展的本质依旧不变。我们谈到的领导力开发的七个策略，仍然可以作为一个系统且完整的内在循环，帮助领导者通往其想要到达的领导力目的地。值得一提的是，在运用该策略不断开发和提升自己领导力的过程中，每当遇到新的时代挑战和变化，领导者都可以再次回归到"认知自我"和"定义自我领导力"环节，通过回归基本，通过回归领导者的人生意义和社会价值，领导者在任何困难面前，都能对所做的事情充满激情，拥有不竭的能量，并能够根据新的情境不断调试和修正自己的领导力。

最后我想再次强调前面谈到的不断回顾和自省的领导力。无论我们怀有多么高的热情和专注度去开发自己的领导力，领导力的开发工作也绝不是一蹴而就的一次性或阶段性行为，也不要妄想一开始就实现最高境界的"完美领导力"。尤其在当今社会日新月异的发展速度下，绝不会有一套解决所有问题的"万能型"法则，领导者更是要不断反思、提高和调适自己的领导力。如果你仔细观察我们周围大大小小的组织，就会发现很多领导者很容易走向两个极端：要么压根不关心什么领导力培养，每日疲于追逐财务数字且章法混乱；要么力求尽善尽美，虽精通各种理论和工具，却总是因为没有达到自己心目中的理想状况而迟迟没能付诸行动。我倡导的领导力实践是，在定义自己的领导力品牌后，立即迈开第一步并付诸实践，即使你现在尚未处在"领导"的岗位上，你仍然可以在以上策略中找到可以开始的行动，马上着手制订你的领导力开发方案并实施起来，不必一开始就制定一些高不可攀的目标，重点在于开始行动并不断回顾。实践领导力最有效的方式就是：所有的体悟都可以"从实践中得来"，并不断"回到实践中"去。

后 记

对于我来说，在中国工作具有很特别的意义，并且"人"在其中心。从我 1998 年在中国工作和生活开始，中国人就以真挚的友情和真诚的信赖，给予了我无限的支持和帮助。在 2011 年我因工作调动离开中国之后，他们对我的这份友情也一直没有改变。出版这本书的过程也是如此，许多中国的朋友给予了我很多帮助和支持。在此，对帮助该书出版的朋友们表示深深的感谢，他们是孙营营、唐建国、顾美红、孙育荣、商嫣娣、权太勇、钱文亮、虞甦方。

其中，需要我特别感谢的是孙营营女士。将一种语言转换成另一种语言并非易事。因为语言融合固有的历史和文化，还有与之一起生活的人们的阅读习惯。特别感谢她在我写作的过程中表现出的热情和奉献精神。如果没有她的帮助，用中文撰写《领导力实践》可能会遇到很多困难。

同时借此机会我想对以下人员表示感谢，他们是朱元昹、朱宗梅和陈燕敏，以及许多年轻的管理者和人才。感谢他们为南京农标普瑞纳、镇江嘉吉和佛山农标普瑞纳的转型和发展付出的努力。

在中国工作生活的 13 年里，我取得了许多成就。首先，我想成为一名经营者的梦想，是在中国实现的，这对于我来说意义非凡。但是，现在已经退休的我回首过去的工作和生活经历，与实现梦想相比，我更珍视这些优秀的中国朋友，我认为他们是我最重要的成就。另外，与他们共事和相处的岁月，对于我的个人成长以及人格塑造方面，都具有深远的影响和重大的意义。在与中国朋友的交流和相处中，我学到了很多在韩国没有学到的东西，如果没有和他们在一起，我根本无法实现今天的成就和成长。

  思考了很久，对于那些给予我很大帮助的，我非常热爱的中国朋友，我能做些什么呢？我想为帮助中国的年轻人才成长为优秀的领导人尽自己的绵薄之力。我撰写《领导力实践》就是从这种个人责任感开始的，我真心希望这本书可以为中国的年轻人才成长提供一些帮助。

张东熹
2024 年 2 月